# ENTRE O IDEAL E O REAL

DAS INQUIETUDES HUMANAS

Catalogação na Fonte
Elaborado por: Josefina A. S. Guedes
Bibliotecária CRB 9/870

S586e 2023

Silva, João Batista da
Entre o ideal e o real : das inquietudes humanas / João Batista da Silva. – 1. ed. – Curitiba : Appris, 2023.
120 p. ; 21 cm.

Inclui referências.
ISBN 978-65-250-4480-4

1. Ensaios brasileiros. 2. Dialética. I. Título.

CDD – B869.4

Livro de acordo com a normalização técnica da ABNT

Appris editora

Editora e Livraria Appris Ltda.
Av. Manoel Ribas, 2265 – Mercês
Curitiba/PR – CEP: 80810-002
Tel. (41) 3156 - 4731
www.editoraappris.com.br

Printed in Brazil
Impresso no Brasil

João Batista da Silva

# ENTRE O IDEAL E O REAL

## DAS INQUIETUDES HUMANAS

## FICHA TÉCNICA


| | |
|---|---|
| EDITORIAL | Augusto Vidal de Andrade Coelho<br>Sara C. de Andrade Coelho |



| | |
|---|---|
| SUPERVISOR DA PRODUÇÃO | Renata Cristina Lopes Miccelli |
| ASSESSORIA EDITORIAL | Priscila Oliveira da Luz |
| REVISÃO | Mateus Soares de Almeida<br>Daniela Aparecida Mandú Neves |
| PRODUÇÃO EDITORIAL | William Rodrigues |
| DIAGRAMAÇÃO | Renata C. L. Miccelli |
| CAPA | Laura Marques |

*A todos os meus alunos que ao longo desses anos contribuíram para as minhas especulações filosóficas.*

# AGRADECIMENTOS


Agradeço ao meu amigo Thompson Adans pelas orientações referentes à formatação do livro, bem como pela leitura da obra.

Agradeço ao meu irmão José Antônio da Silva que muito me motivou na publicação do livro.

Agradeço à minha eterna amiga Maria Virgínia Lopes Viana Esteves que contribuiu com a leitura e a correção de determinadas partes da obra e que muito me incentivou para publicá-la

Agradeço aos meus interlocutores que participaram do grupo de pesquisa, "Thomas Hobbes e a existência do Estado Democrático de Direito: uma análise da intertextualidade da Constituição de 1988", o que me permitiu um grande aprendizado. O referido grupo de pesquisa teve como autor João Batista da Silva e como coautor Lucas Rodrigues de Paula. Assim expresso os meus agradecimentos aos participantes desse memorável grupo: Lucas Rodrigues de Paula, Ana Bolena Lima da Costa, Carlos Adolfo Cárdenas Garcia, o Bruno Nascimento Lira, Aíssa Bianca de Souza Batista, Mateus Matias Pinheiro e Thompson Adans.

Agradeço, sobretudo, aos longos anos de docência que me oportunizaram o exercício da dialética com os meus alunos e, por conseguinte, permitiram-me apreender, apreender e apreender, visto que apreender é a maior retribuição do ato de ensinar. Esta obra é um retrato da minha docência. Nestas folhas há um pouco de tudo que discutimos durante os nossos encontros. Entretanto, ao escrevê-lo procurei fazer o uso de um vocabulário que fosse acessível a todos.

Por fim, agradeço a você leitor que decidiu ler a minha obra, pois nela encontram-se traços de minha vida dupla:

Há uma parte de mim que insiste em sonhar e outra que impiedosamente me desperta.

*João Batista da Silva*

# PREFÁCIO

Primeiramente, gostaria de expressar a honra que é estar prefaciando esta obra. É incomensurável a satisfação de poder contribuir com o autor, o qual sempre esteve disposto a dialogar sobre os mais diversos temas, trazendo consigo reflexões profundas e necessárias ao nosso momento atual, a contemporaneidade utópica.

A leitura dos ensaios propostos pelo escritor nos traz a necessidade de refletir, não se é uma simples e contínua leitura de capítulos conjuntos, ao contrário, a cada término de capítulo o leitor estará face a face com enxurradas de questionamentos, cabendo a ele absorver e só então passar ao próximo ensaio.

Assim o é na abordagem da linguagem como ferramenta de comunicação e união das sociedades, porém agora vertida em mecanismo de persuasão, sendo as duas faces da língua. E assim também o será a respeito do pensamento de que no mundo imperfeito é vendida a perfeição, iniciando a abordagem da constante busca de um modelo de vida ideal, o qual faz com que as pessoas abdiquem da sua própria identidade em prol do ideal de parecer ser.

Ao decorrer da obra, o leitor perceberá que a perfeição se torna imperfeição com o tempo e essa busca pelo perfeito lhe traz sofrimento. O ideal e o perfeito, que antes eram um alívio para o real, transformam-se na fixação da sociedade moderna e, por conseguinte, o novo real.

Em dado momento, o autor leva a leitura a assumir um papel introspectivo, em que se indaga sobre o "homem do futuro", propondo-se a tudo unicamente almejando alcançar o seu fim, e irrelevante para ele é o processo em que galga os seus objetivos.

Esculpir a si mesmo e desnudar-se dos próprios afetos ao "homem do futuro" se traduz em atingir as suas metas e ter o tempo certo, respectivamente. Dessa forma, molda-se a sociedade da não externação, pois enquanto busca seus fins, também quer o "tempo certo" para dizer o que sente, propalando uma grande confusão, projetando no outro o que busca e quer como ideal, "ruminando no presente o passado com a ácida esperança de que, em um dado momento, no futuro, possa digeri-lo", esquecendo-se do mais importante: não há tempo certo e o outro não sou eu.

E quanto a isso o escritor deixa nítido: não há tempo certo, uma vez que o ser é finito e breve. O afeto não externado pode não ter outra oportunidade de se traduzir em palavras ou ações, visto que a vida e a morte são a continuidade da matéria, somos o hélio e o hidrogênio expelido do Big-Bang que se fundiram e viraram outros átomos e assim sucessivamente até o carbono, oxigênio, fósforo, cálcio que nos compõem; somos a continuidade da transformação da matéria e energia cósmica.

Isto posto, questiona-se: há uma finalidade para a nossa existência? Bilhões de anos de acontecimentos cósmicos nos permitiram existir, mas temos um fim maior que os outros seres vivos? Esse questionamento trazido pela obra nos permite vagar por meio das crenças dominantes, em que pintamos Deus à nossa imagem e nos reconfortamos em uma finalidade revestida de urgência, a qual suprime o simples ato de refletir, dada a vida frenética. Somos, nesse ponto, crenças e costumes inseridos em um ser mecânico não inteligível, repetimos as crenças e os costumes, aceitando a conveniência que satisfaça a nossa urgência: uma vida prazerosa.

Essas crenças dominantes remodelaram o globo e nos dizem que teremos a salvação em troca da obediência; que somos castigados em prol de um aprendizado ou de um bem maior que virá tornar mais agradável o mundo fixo do que aquele que é mutável. Contudo, tais crenças modeladoras de uma antiga estrutura de poder veem seus grilhões se partindo com a luz do conhecimento científico, em que a ideia de tudo ser providência divina perece. O homem sem Deus, regendo todos os passos de sua vida, é jogado no caos de sua própria responsabilidade e no mundo onde tudo muda o tempo todo. A nova ordem é o caos e a liberdade é humana.

A liberdade é posta como um dos maiores direitos ao homem, mata-se e morre por ela, porém, ela não é irrestrita. O homem, ainda que livre ao nascer, torna-se escravo de si mesmo e, em seu movimento de emancipação, terá a dúvida como força motriz. No entanto, mais difícil do que sua emancipação por meio do conhecimento (dúvida) é a tarefa de lidar com a "legião de imbecis", pois a modernidade proporciona liberdade aos sensatos e mecanismos de agressão aos imbecis que dirão "é apenas o exercício da minha liberdade".

Gostaria de concluir agradecendo novamente ao autor João Batista pela oportunidade enriquecedora de ter lido e refletido com a presente obra, apresentando, no prefácio, poucas das várias ponderações que sua produção nos proporciona. Por fim, destaco que são reflexões caras, não se podendo adiá-las, visto que a sociedade está realizando uma das piores trocas seculares: a inteligibilidade pela vida mecânica da pura aceitação e idealização.

**Thompson Adans**

*Escritor e advogado*

# SUMÁRIO

# INTRODUÇÃO

Penso que somos semelhantes aos anfíbios, pois esses possuem vida dupla, uma vida aquática e outra terrestre. Nós também usufruímos de um mundo ideal e de um mundo real, de uma vida terrestre e de uma vida celeste. No entanto, não tenho conhecimento das inquietudes de um anfíbio, mas reconheço que tenho algum conhecimento das inquietudes humanas.

Neste ensaio, *Entre o ideal e o real: das inquietudes humanas*, tenho a pretensão de convidá-los à reflexão da condição humana em face a essa vida dupla, o ideal e o real, a partir de temas contemporâneos e em determinadas situações, com os olhos voltados para a história para melhor compreender o estado atual. Muito embora bem saiba que os assuntos não se esgotarão aqui e que muitas provocações não serão respondidas.

Assim, ao abordar essa vida dupla, entre o ideal e o real, de maneira aleatória, começo o primeiro ensaio sobre o ideal de perfeição e o quanto esse pode se tornar um flagelo em nossas vidas, visto que vivemos envoltos em um mundo em que parecer ser ocupou o espaço do ser e, quando adotamos tal imperativo, não há como deixar de indagar: quanto sacrifício será dispendido em nome da bendita perfeição?

Em continuidade, no segundo ensaio, apresento como ideia central a seguinte questão: há uma ordem necessária que torna possível a existência de tudo? Se antes tínhamos uma visão determinista, ideal, acerca do novelo da nossa existência, bem como dos fenômenos naturais, hoje sabemos que essa perspectiva merece ser revista, pois o caos, o acaso e o aleatório não podem mais ser desprezados. Ou devemos continuar a crer que a nossa existência está predeterminada?

Prosseguindo, no terceiro ensaio, exponho que a dúvida é uma centelha que habita a nossa alma e, por conseguinte, a maior inimiga da fé. De um lado, a fé como ideal e do outro, a dúvida como real.

Para alguns a fé é necessária e a dúvida apavorante, ao passo que para outros a dúvida não pode ser olvidada, pois é ela que move o mundo. As questões são: como lidamos com essa vida dupla? Por que para alguns a dúvida sempre foi malquista? Somos capazes de extirpar a dúvida que faz morada em nossa alma?

No quarto ensaio, a arte de esculpir a si mesmo, descrevo algumas facetas do ser humano, pois o ser humano é um ser que escolhe, que decide, que projeta, que promete e que se sonha. A questão é sobre a liberdade humana diante dessas "singularidades" de escolher, decidir, projetar, prometer e sonhar. Somos capazes de esculpir a nós mesmos sem quaisquer influências?

Hoje bem sabemos da importância do tempo, bem como o quanto estamos imersos no mundo das telas. Assim, no quinto ensaio, "O pêndulo existencial e a ficção do tempo e o ideal: das telas defronte ao mundo real", apresento o quanto nos encontramos sob o império do tempo, bem como sob o reino das telas. Nessa toada, já não temos tempo para nós mesmos e, quando encontramos um tempo para nós mesmos, afundamo-nos nas profundezas das telas. Existe um tempo para viver? Qual é o tempo de viver?

A busca de um sentido para a existência parece a ser a mais antiga de todas as inquietações humanas e talvez a única para a qual não se encontra uma resposta satisfatória. Essa é a reflexão exposta no sexto ensaio. Vivemos em um momento no qual as nossas angústias devem ser medicalizadas para que possamos continuar produtivos e, por conseguinte, as nossas inquietudes devem ser apascentadas, pois estamos todos bem. Existiria um sentido universal para a existência ou cada um deve buscar o seu?

Discutir sobre a morte sempre foi um tabu para muitas pessoas, tendo em vista que determinadas crenças sempre apontam na direção de uma outra vida e qualquer objeção a tal crença soa como desarrazoada. No sétimo ensaio, sobre a vida e a morte, disserto sobre essa questão. Será que temos uma visão exata do que seja a vida e a morte? Ou temos uma visão superficial? A nossa vida e a nossa morte estão predeterminadas? Tais provocações estão presentes nesse ensaio.

As emoções, os nossos afetos, em especial a nossa cupidez é o mais desajustador, o desejo é desajustador e discorrer sobre ele penso que seja algo inquietante, mas libertador. No oitavo ensaio o tema é sobre o desnudar dos nossos afetos. A nossa educação moral teve como um mantra de que existe um tempo adequado para tudo. Poderíamos aplicar essa máxima para os nossos afetos? Ou seja, há o tempo adequado para deixá-los nus? Ou eles devem serem escondidos até que a morte nos separe?

A liberdade é um dos mais preciosos bens humanos, por ela se vive e por ele se mata. Do sonho de liberdade é a temática do nono ensaio. Podemos falar de uma liberdade absoluta? Ou devemos negá-la sob pena de mostrar quem de fato somos com vistas a atender às expectativas alheias? À liberdade dedicamos poesias, compomos e cantamos músicas etc. Ela grita dentro de nossa alma, pois é lá que ela é plena.

Há quem diga ter plena convicção de quem se é. No entanto, se nos dispusermos ir mais fundo nessa questão, talvez não tenhamos mais tanta certeza. "Das nossas certezas": quem somos nós? É o décimo e último ensaio deste livro. A nossa história está permeada de fábulas e estórias acerca das nossas origens. Tais ideias foram cravadas desde a infância em nossas mentes. Entretanto, chega um momento da vida em que as inquietudes começam a comparecer, pois a realidade se impõe por si mesma contra todo e qualquer ideal ou estória. Sabemos quem somos nós neste pequeno grão de areia que vagueia na imensidão da Via Láctea?

Boa leitura!

# EM QUE MEDIDA O IDEAL DA PERFEIÇÃO PODE TORNAR-SE O NOSSO FLAGELO?

Há tantos ideais caros que custam uma vida toda e jamais se materializarão. Julgo oportuno reportar à minha infância, o prelúdio do belo, do grandioso, do espetacular, o momento em que o mundo tinha uma proporção nunca dantes vista. O mundo mágico que se abria diante dos meus olhos, as estórias, as fábulas que sempre terminavam com todos felizes. Eu habitava o reino das perfeições.

Entretanto, à medida que a infância me abandonou, abriu-se uma nova janela na qual o fantástico desaparecia e o mundo real, a vida como ela é, foi pouco a pouco se instalando no meu dia a dia. Vez ou outra, ardia em mim o desejo de retornar, mas diante da impossibilidade me pus a sonhar, pintar o mundo com as cores que eu escolhia como as melhores. Assim, dei-me conta de que poderia sonhar com o ideal da perfeição, sempre com a doce ilusão de que em um dado momento ele se cristalizaria diante de mim. Eu agora habito o mundo dos sonhos, eu posso sonhar e, segundo dizem, eu devo acreditar sempre nos meus sonhos, pois a crença neles é o que os tornará reais.

Assim, visando a expor as minhas inquietudes acerca de nossas crenças, em especial, o ideal da perfeição, eis-me aqui diante dessas páginas e das palavras que se exteriorizam em nossa linguagem enquanto indivíduos; o que permite a comunicação intersubjetiva, ou seja, entre nós e os outros, será o caminho do nosso diálogo.

Portanto, é com o intuito de estabelecer essa comunicação entre nós que farei o uso das palavras, ainda que essas possam ser ambíguas quando se manifestarem na linguagem, com vistas a responder à questão anteriormente proposta: em que medida o ideal da perfeição pode tornar-se o nosso flagelo?

Indubitavelmente, as palavras ganham contornos diferentes desde o momento que chegam à nossa inacabada subjetividade, em nosso eu, que, em virtude de suas próprias vivências, carrega dentro de si uma pluralidade de sentidos. Como exemplo posso tomar a palavra perfeição e, por conseguinte, os nossos ideais de perfeição e o sentido ou o modo como tais ideais atravessam cada de um de nós.

Inevitavelmente, as palavras uma vez vociferadas ganham uma superabundância de significados, passam a ter vida própria. Algumas encontram morada em nossa alma, algumas nem entram lá e outras já têm aparentemente os seus significados consolidados. Quando digo aparentemente consolidados, estou a admitir que a linguagem é viva, isto é, ela se movimenta e, em virtude dessa mobilidade, pode sofrer mudanças nos seus significados.

As palavras têm a capacidade de expressar as nossas sensações, nossas imaginações, nossas emoções, nossos sonhos, enfim, toda a sorte de sentimentos que nos habitam. A linguagem é a trilha que nos permite passear, mostrar o nosso ser, comunicar-se com aqueles que são conhecidos e com aqueles que ainda não conhecemos.

O ser humano, ao longo de sua existência, povoou diversas regiões do planeta, bem como migrou para muitos lugares, cada povo com a sua forma de ser, o que denominamos hoje de diversidade cultural, pois cada cultura tem seus símbolos, suas palavras, seus hábitos, seus costumes, suas crenças etc., e certamente os seus significados que podem ser distintos de outras culturas.

Em sua trajetória pelo globo terrestre, os humanos criaram uma infinidade de instrumentos necessários à sua sobrevivência. Entretanto, considero que há um que não devo esquecer-me: a linguagem. Segundo Thomas Hobbes (1588-1679), a linguagem, que tem como primeiro autor Deus, foi a mais nobre e útil de todas as invenções, permitiu nominar as coisas, conectá-las, registrar pensamentos, recordações, transmitir saberes aos nossos descendentes, propiciar a conversa recíproca e civilizar o homem por meio do contrato e do Estado[1].

---

[1] HOBBES, Thomas. *O Leviatã*: ou matéria, forma e poder de um Estado eclesiástico e civil. Tradução de João Paulo Monteiro. São Paulo: Nova Cultural, 1997. p. 43.

Entretanto, há um paradoxo, qual seja: quanto à linguagem, citada como autoria de Deus por Hobbes, se assim aceita for, como podemos admitir que Deus criou uma infinidade de linguagens, já que cada povo tem a sua própria linguagem, bem como as suas respectivas representações de Deus? Como seria possível a ideia de um Deus único, monoteísta, criar uma pluralidade de linguagens e uma pluralidade de Deuses, o politeísmo?

Entendo como mais plausível a ideia de que a linguagem é uma invenção humana — assim eu creio — destinada a princípio a nominar coisas, objetos, estados afetivos e, por conseguinte, permitir a comunicação humana, mas que, depois de um determinado tempo de uso, passou a ter vida própria e, nos lábios de certos homens, transformou-se em poder.

Nasceu com esses o poder da persuasão ou a arte de persuadir por meio de discursos capazes de dar às palavras o poder de "transcender" e convencer alguns, na maioria das vezes, de uma realidade que inexistia. Essas habilidades lhes facultaram a capacidade de encontrar as palavras certas, o modo mais apropriado de dizê-las de sorte que tais palavras se tornaram "música", inebriavam os seus ouvintes e os faziam levitar.

Tal predicação das palavras e, com efeito, da arte discursiva habilmente cultivada por homens eloquentes e bem lapidada tornou-se "diamantes rígidos", o que nos deu a impressão de que seus significados seriam imutáveis e perfeitos para expressar tudo o que há.

Uma vez que as palavras foram insufladas de tanto valor, elas se desconectaram do mundo real e passaram a serem vistas como ideais, ideias, perfeitas essências que designariam quer sejam os fenômenos humanos, quer os fenômenos naturais.

Desde então, o objetivo primeiro da linguagem, que era o de facilitar a comunicação humana, agora, na voz de homens inescrupulosos, tornou-se um imperativo do qual nos tornamos escravos, isto é, sujeitamo-nos àqueles que detinham o poder da persuasão, de maneira que, com o passar dos anos, ela teve um poderio muito mais amplo do que tinha na sua origem e passou a comandar a nossa existência.

Assim, esse diamante lapidado, conforme os significados a ele atribuídos em determinadas culturas e contextos históricos, em certa medida passou a orientar e sobrepesar brutalmente na nossa existência, de forma que aquela invenção que era para ser um instrumento útil tornou-se um punhal que, muitas vezes, fere e até mortifica o nosso ser, uma vez que dá à palavra um status que lhe é contrário à nossa própria feição — como exemplo, a palavra perfeito advinda do latim *"perfectum" é* construída pelo prefixo "per"(totalidade, por inteiro) e *"fectum"* (feito, realizado), o particípio perfeito do verbo *"facere"*. Ou seja, significa "feito por inteiro" que na sua origem condizia com a realidade, algo palpável , visível, mas com passar dos anos sofreu alterações, de sorte que passou a significar um estado de coisas sem defeitos, a "bendita perfeição" e, como consequência, passou a atormentar o ser humano.

Pelo exposto até o presente, retomo a questão do texto: em que medida o ideal da perfeição pode tornar-se o nosso flagelo? O ideal de perfeição torna-se nosso flagelo à medida que queremos moldar à força aquilo que não somos. Tal molde se aplica em várias situações das nossas vidas, seja psíquica, física e social. Dito de outra maneira, queremos e deveremos parecer ser aquilo que não somos.

Há algum tempo que me dei conta da sobrepujança e do descomedimento desse ideal de perfeição na nossa efêmera, incerta, imperfeita e sinuosa caminhada, neste minúsculo grão de areia, o planeta Terra, que habita a imensidão do que denominamos de Via Láctea.

Em razão disso, comecei a questionar a minha vida dupla, o ideal e o real, que se configurava na ideia de perfeição, que vai de encontro ao que vagueia no mundo, o imperfeito. Observei que tal inquirição poderia contribuir para que a vida ficasse mais leve e para que eu não me tornasse escravo de um modelo que não se ajustasse a mim, tampouco que eu fosse servo de uma tradição que fez da palavra perfeição uma cifra que se compara ao canto das deusas gregas, isto é, o canto do não esquecimento com o propósito de adensar e acentuar-se continuamente em meu ser.

Inegavelmente, com o avanço tecnológico atual, diferentemente dos primórdios da palavra perfeição, associamos à ideia de perfeição outros elementos que a tornaram ainda mais atraente, dado que podem entorpecer vivamente os nossos sentidos e fazê-la chegar em nossa alma sublimemente.

Os elementos aos quais me refiro são: as cores, as imagens, os sons acrescidos de uma estética que desperta uma gama de emoções que nos convidam a participar desse ideal de perfeição considerado superior, já que nos excita a absorver um estilo de vida — que entendo ser um falso diamante —, cuja contínua busca pode custar e consumir uma existência inteira.

Em razão do exposto, convido você que lê essas páginas a examinar de que maneira o ideal de perfeição tem norteado a sua vida. Eis-nos diante da vida dupla: o ideal e o real.

Em face do exposto, indago-os: como os nossos ideais, em especial o ideal da perfeição, têm influenciado a nossa conduta no mundo real? Mais especificamente em uma sociedade em que o ideal de "parecer ser" ocupou o espaço do ser? E a procura do parecer ser e, no caso, do parecer ser bem-sucedido, exercer uma profissão ou trabalho que lhe outorgue prestígio, vencer na vida, ter um corpo perfeito, uma família perfeita, consumir bens que reforcem essa aparência ideal de perfeição, tem tomado conta do nosso ser? Quanto custa a nós, não em valores monetários, mas em sacrifícios diários, isto é, o tempo que é dispendido, na manutenção de uma aparente perfeição, um ideal impossível? E qual é a sensação que nos resta depois de ter conquistado essa "perfeita aparência"? É a sensação de uma felicidade plena ou de uma felicidade instantânea seguida de um profundo vazio que, posteriormente, nos conduz novamente a esse círculo vicioso, a uma espiral que não parece ter fim?

As questões acima têm por finalidade provocar sobre a supremacia do ideal de perfeição e a maneira como ele comanda "silenciosamente" a nossa existência e ganha cada vez mais um número maior de adeptos.

Nessa toada, entendo que cabe a nós questionar sobre os modelos de perfeição que povoam o nosso imaginário e como tais modelos tornaram-se nossos flagelos, já que em busca deles nos autoflagelamos a todo instante, exigindo de nós mesmos física e psiquicamente a catexia, isto é, a concentração de energia mental ou emocional em um determinado pensamento, com efeito, litigando de nós cada vez maiores esforços, em que muitas vezes a recompensa é acompanhada de uma sensação de profundo vazio, pois na aparência não se tem o ser, o ideal de perfeição, dado que se tem apenas o parecer ser, uma falsa perfeição, o que pode ser considerado um autoengano.

Neste exato momento, julgo oportuno indagar sobre a origem do ideal de perfeição: de onde pode ter surgido o ideal de perfeição?

Pressuponho que, provavelmente, ao olhar para o céu estrelado, o Cosmos — alguns atribuem a origem da palavra cosmos a Pitágoras de Samos (572-500 a.C.) e ela significaria beleza, ordem, harmonia em oposição à desordem e ao caos —, nós, os habitantes do planeta Terra, acreditamos que a perfeição existiria lá, visto que a vida aqui na Terra era o reino das vicissitudes, das imperfeições, da geração e corrupção dos seres.

Passado algum tempo acreditamos que éramos fruto dessa perfeição celestial, de um ser perfeito, um Deus, o que seria de grande valor para nós, tendo em vista a necessidade de um Ser superior; um padrão que permitisse a nós, os humanos, pautar os nossos pensamentos e as nossas ações por algo que não sucumbisse aos avassaladores poderes do tempo e que propiciasse aos humanos a convicção de que lhes foi dado o acesso à perfeição e que, com efeito, poderiam ser considerados sublimes.

Na *República* de Platão (427-348 a.C.), Livro II, deparamo-nos com a proposta da racionalização do divino, visto que os deuses gregos eram imagens à semelhança dos homens, portanto, imperfeitos. Assim, quanto à educação dos jovens, Platão advertia que precisaríamos vigiar os autores de fábulas e os poetas para não influenciarem na educação moral dos cidadãos. Logo, deveríamos,

> [...] evitar apresentar personagens com caráter duvidoso à formação do bom guardião; ensinar que os deuses não mentem, não brigam entre si; explicar que os homens são responsáveis pelos seus atos e não os deuses; instruir que não são os deuses que castigam os homens; e educar que Deus é essencialmente bom e a causa de todo bem[2].

Soma-se ao projeto educativo de Platão o ideal de excelência humana que se consolidaria com a renúncia aos prazeres terrenos com vista à morada ao lado de Deus, um Deus perfeito e bom, que no cristianismo se cristaliza ao crucificar em nossa alma a ideia de que somos a imagem e semelhança de Deus, ao qual devemos obediência, dado que ele é o Senhor ao qual deveremos dirigir as nossas ações para nos aproximarmos o máximo possível dele e, por conseguinte, após a nossa morte, coabitar com ele no Céu, a sua morada.

Entretanto, "conjecturo" que, passados alguns instantes, os humanos, os artífices do ideal de perfeição, do ideal de um Deus perfeito, esqueceram que foram eles os artesãos de tais entes, já que foram os doadores dos atributos que tornaram possível tal formosura, tal excelência, e que a posteridade os adotou como se a sua existência fosse real, e não um ideal, de sorte que, com a repetição contínua de tais ideais, aceitamos passivamente a sua existência como real.

Entendo que, por mais que tais ideais tenham por algum tempo feito morada em meu ser, deparei-me com a impavidez da realidade que agitou os meus pensamentos e deduzi o quão pantanoso e movediço era o terreno sobre o qual se assentaram tais ideais.

Desse modo, após algumas experiências vividas, desfrutei da relevância do poder do tempo em alterar irremediavelmente a minha realidade, bem como os meus ideais. Agora, cônscio de que

---

[2] PLATÃO. *A república*. São Paulo: Nova Cultural, 1997. Livro II, p. 75-77.

a realidade é regida por Cronos[3] — mais uma de nossas hábeis e valiosas invenções — e de que até o mais sublime dos meus ideais será inevitavelmente consumido pelo famigerado "Deus", resolvi dar graças a ele.

Não obstante, diante dos inventores do perfeito, do mágico e do quimérico, iniciei um processo de despertar-me e de libertar-me desses arquétipos, dado que não havia mais espaço para o fantástico. Consoante a tal desadormecer, enxerguei que todo ideal, por mais sublime que possa ser, tende a esvanecer-se, a pulverizar-se, e com a perfeição não haveria de ser diferente.

Compreendi também que, indubitavelmente, a despiedada realidade, em um dado momento, consumirá os nossos mais nobres sonhos, a nossa vontade de perfeição ou de parecermos ser perfeitos, ou melhor dizendo, a nossa vontade de poder ou de parecer ter poder, de modo que neste instante penso que, de mãos e mente vazias — em caso de concordância com o que até aqui foi exposto —, restará ao idealista enfrentar o mundo tal como ele é, ou quem sabe criar um novo ideal.

À medida que assimilei que eu era fruto dessa dualidade, o ideal e o real, que me compõe, que perpassou toda a minha existência e fez morada em minha incompleta e confusa subjetividade que se encontra encharcada dessa dicotomia, dessa contradição, tornou-se possível interpretar tal dualidade, tal contradição, cuja situação pode ser traduzida na seguinte sentença: há uma parte de mim que insiste em sonhar e outra que impiedosamente me desperta.

Insatisfeito com os contornos e os conteúdos derivados do ideal de perfeição, retomo à exposição das minhas inquietações: há a perfeição?

Não, não há! Poderíamos etimologicamente pressupor que do termo *perfectus* surgiu a palavra "*perfectio*", para falar de uma suposta perfeição. Tal ideia nos foi professada como o que há de mais sublime. Por isso nos foi dito que deveríamos sempre buscá-

---

[3] O Titã grego do tempo por alguns considerado o "pai do tempo", ou o "deus do tempo", e que deu origem à palavra cronologia, isto é, a ciência ou arte de medir o tempo.

-la com vistas a dirimir as nossas falhas, tornando-nos o melhor possível. Apesar do poder da ideia de perfeição, eu aceitei que nós somos imperfeitos e a busca pela perfeição poderia tornar-se uma autoculpabilização, o meu flagelo.

Tal atitude me lembra Sísifo, que, segundo Grimal, era um mortal cujas artimanhas possibilitaram enganar a morte várias vezes até ser flagrado e castigado por Zeus[4]. Devido ao castigo de Zeus, Sísifo deveria carregar uma pesada rocha até o topo da montanha. A realização de tal tarefa tornou-se agonizante e impossível, visto que a cada passo que dava, caía e retomava tudo uma vez mais, em um trabalho interminável, vão. Analogamente me sentia comparável a ele na busca da bendita perfeição, em seu interminável trabalho, em seu inalcançável objetivo.

Assim, foi à procura do sublime, do perfeito, que deixei de perceber as belezas do imperfeito, que sacralizei o inexistente, que neguei o devir e adotei como crença aquilo que é da ordem do impossível, o perfeito. Em face do exposto, acho oportuno citar Nietzsche (1844-1900), tendo em vista que, segundo o autor, "[...] diante do perfeito, negamos o vir a ser, e passamos a desfrutar a sua presença como aquilo que tivesse brotado magicamente do chão"[5]. Prossegue enfatizando que "[...] ainda estamos sob o efeito de um sentimento mitológico arcaico"[6].

Ressalto que tais sentimentos mitológicos e arcaicos têm, em determinadas circunstâncias, exigido que nós sejamos tal como Atlas — o Titã condenado por Zeus a sustentar os céus para sempre —, ou seja, assim como Atlas, nós, os humanos, em nome do perfeito, do divino e do sublime, carregamos o mundo sobre os nossos ombros, negamos a nós mesmos, uma vez que nos julga-

[4] GRIMAL, Pierre. *Dicionário da mitologia grega e romana*. Rio de Janeiro: Antígona Editores Refractários, 2020. p. 422. Além dessa, aponta a existência de outras façanhas de Sísifo acerca do castigo que recebeu de Zeus. Segundo Pierre Grimal, em sua obra *Dicionário de mitologia grega*, Sísifo delatou Zeus sobre o rapto da filha de Assopo, Egina. Em virtude disso, Zeus o fulminou de imediato e o precipitou aos infernos, cujo local lhe impôs tal castigo.

[5] NIETZSCHE, Friedrich Wilhelm. *Humano, demasiado humano.* Tradução e posfácio: Paulo César de Souza. São Paulo: Companhia das Letras, 2007a. Aforismo 145, p. 107.

[6] *Ibidem*, aforismo 145, p. 107.

mos indignos, visto que "tamanhas" são as nossas imperfeições e, portanto, não podemos ser considerados passíveis de remição, pois a nós não resta a indulgência.

Nesse processo de indagação, instaurou-se em mim o seguinte desenredo: se o ideal de perfeição imperar, incontestavelmente, mortificará aquilo que sou, o imperfeito, o irregular. Em virtude disso, aceitei que compete a mim, como vivente, admitir as minhas imperfeições e, por conseguinte, banir todo ideal de perfeição que entorpece, que atormenta, que flagela e angustia a brevidade do meu ser. Em outras palavras, se não agisse desse modo, estaria indo contra a minha natureza, o meu próprio ser, idealizando aquilo que a realidade não sustenta, visto que sou imperfeito e essa é a minha condição, a minha realidade.

A propósito, a palavra perfeição, similarmente me invita rememorar Platão (427-348 a.C.) e a sua magnífica obra, *A república*[7]. A sua utopia é o símbolo de uma cidade perfeita, composta por homens educados conforme a sua suposta natureza, cada um exercendo perfeitamente a atividade que lhe cabe conforme a sua presumida natureza. O processo educativo de Platão pode ser vislumbrado na alegoria da caverna, visto que aquele que rompe com as correntes que o aprisionam tem a oportunidade da caminhada que, por intermédio da dialética, o conduz ao mundo das ideias, o mundo inteligível e que culmina na ideia do Bem, o que torna visíveis todas as ideias perfeitas, bem como permite compreender o que é carente de perfeição, a realidade sensível, o mundo terreal no qual nos encontramos inseridos.

Compreendi que esse retorno ou reminiscência que remete à ideia do Bem, do perfeito, "do que suspenso está", quando comparado a algo similar no mundo terrestre, permitiu-me reconhecer o quão fugaz a perfeição é, bem como a sua existência aqui que, na maioria das vezes, não passa de um piscar de olhos, o que a torna somente uma ideia, aquilo que apenas povoa o nosso imaginário.

---

[7] PLATÃO. *A república*. São Paulo: Nova Cultural, 1997. A república é considerada a primeira utopia da civilização ocidental. Ressalto que a menção à obra não visa a desqualificá-la. Apesar da crítica que aparece, ressalto o quão importante ela é, bem como recomendo a sua leitura, pois a considero uma das obras mais fascinantes de Platão.

Seguindo as pegadas de Nietzsche (1844-1900), faço alusão ao final de um aforismo em sua obra que julgo oportuno para este momento: "[...] no fundo o homem procura um homem idealizado, e a mulher procura uma mulher idealizada, ou seja, não um complemento, mas sim um aperfeiçoamento das próprias qualidades"[8].

Ao que parece, adotamos o ideal de perfeição como um modo de aperfeiçoamento das nossas próprias qualidades, ainda que fosse por alguns instantes, ante a imperiosa face do real. Dito de outro modo, buscamos o que não é, o ideal, para tornar suportável o real, aquilo que é.

Isto posto, resta-me indagar como seria possível dar sustentação àquilo que se apoia apenas em si mesmo, a perfeição, e que se encontra alicerçada na crença de que ela existe em um espaço mágico e alcançável ao ser humano?

Presumo que tal crença se fundamenta na imaginação de um mundo diviso, dual, uma vida dupla com dois reinos bem distintos e que se manifestou a partir de determinadas oposições, aquelas que pertenciam ao reino perfeito e aquelas que compareciam no reino imperfeito, quais sejam: entre o mundo celeste e o mundo terrestre, entre o sagrado e o mundano, entre o mundo inteligível e o mundo sensível, o perfeito e o imperfeito, entre a ordem e o caos, entre o sublime e o vil e, por fim ou por início, entre Deus e o Diabo.

Agora, eis que me encontro em um mundo diviso habitado por mortais que contemplam e ainda adoram um ser ideal e perfeito como real e desprezam e depreciam o real, o qual de fato sustenta e ampara a nossa existência.

Nesse mundo diviso, em especial, no reino das mudanças contínuas, não havia o consolo, o confortável. Essa incessante mudança me faz lembrar da seguinte ideia de Heráclito (540-470 a.C.): "Nunca nos banhamos duas vezes no mesmo rio, pois assim como as águas, já não somos mais os mesmos"[9]. Por conseguinte, se tudo muda o tempo todo e diante da incessante mudança, a convicção de uma

---

[8] NIETZSCHE, 2007a, aforismo 411, p. 204.

[9] SOUZA, José Cavalcante de (org.). *Os pré-socráticos*. São Paulo: Nova Cultural, 1996. p. 97.

ordem perfeita, de um Deus perfeito, torna-se paradoxal. Portanto, seria mais plausível aceitar o imperfeito, o caótico, visto que esses, ao contrário da ordem perfeita e de um Deus perfeito, se coadunam com a ideia de que tudo muda o tempo todo, nada permanece idêntico a si mesmo e não carece de prova, já que nós somos a confirmação dessa pujante realidade.

Tenho que admitir que, em vista da mobilidade de tudo, surgiu a necessidade humana de criar algo estático que fosse capaz de explicar a própria mutabilidade. Em que pese isso, o perfeito parece-me plasmado para forjar a ideia de uma ordem sublime que permeou o nosso imaginário e, na maioria das vezes, para alguns causa mais angústia do que alegria e não explica satisfatoriamente a mudança que rege todo o Universo. Tinha razão Nietzsche (1844-1900) ao afirmar que "o homem de convicções é uma criança adulta"[10].

Parece-me questionável a ideia de chegamos à maturidade, já que grande parte de nós é incapaz de compreender que fomos nós os criadores dos sentidos dados ao mundo, da existência das palavras, do ideal de perfeição e de um ser perfeito, no caso Deus, de tal modo que grande parte de nós ainda permanece na infância acreditando nas estórias mágicas do passado e narrando tais histórias nas praças, nos templos, nas escolas etc.

Estórias essas que fazem do homem um animal diminuto, imperfeito, que deve sobretudo ter fé, buscar a famigerada perfeição e aceitar passivamente que é o responsável pelas suas mazelas, dado que se distanciou do sublime, do perfeito.

Ao que parece, somos eternos idealizadores, sempre buscamos modelos perfeitos que se acoplem aos nossos desejos; no caso, o desejo da perfeição e da existência de Deus, o qual seria a representação máxima do ideal de perfeição, a nossa imagem e semelhança, um autorretrato, um modelo de perfeição idealizado de nós mesmos.

Penso que é próprio da natureza ou da condição humana inventar, ficcionalizar e ter convicções de que suas invenções e as suas ficções são verdadeiras, principalmente quando tais ficções

[10] NIETZSCHE, 2007a, aforismo 630, p. 266.

são repetidas de geração a geração durante séculos ou milênios de anos. Segundo Nietzsche (1844-1900), no que concerne à ficção, "[...] não há diferença entre o sonho e a vigília: sempre inventamos e ficcionalizamos, primeiro os seres humanos com os quais nos relacionamos e esquecemos em seguida que eles são inventados e ficcionalizados"[11].

Ora, apesar de todo desenvolvimento técnico-científico, em algumas situações torna a mim perceptível que permanecemos na infância, visto que aquelas fábulas que tinham determinados valores não poderiam ser mais objetos de crença, foram apenas referências, ficções para um projeto de civilização e cumpre ressaltar que grande parte delas não são capazes de resolver as nossas angústias, pelo contrário, contribuem para agudizá-las, uma vez que algumas dessas fábulas dizem que somos imperfeitos, desprezíveis, tanto nós, como o mundo, e nos fazem sentir que somos os nossos maiores inimigos, o causador de todos os males que nos acometem.

Jean Delumeau, historiador francês, convida-nos a refletir como a cultura do pecado e do medo na história europeia e, consequentemente, o modo como as convicções proferidas promoveram em nós "[...] sem precedentes, uma culpabilização maciça que foi decisiva em escala coletiva na interiorização da consciência moral em nós, do medo e da culpa"[12].

Assim, Delumeau, na exposição dos comentários de Lefèvre d'Étaples (1455-1536), teólogo francês, acerca das Epístolas aos Gálatas (5, 16-24), dizia que nós somos os nossos maiores inimigos: "Eu sou... o mais temível para mim mesmo do que todo resto do mundo, já que só cabe a mim dar a morte à minha alma e excluí-la do reino de Deus"[13].

---

[11] NIETZSCHE, Friedrich Wilhelm. *Fragmentos do espólio*. Seleção, tradução e prefácio: Flávio René Kothe. Brasília: Editora Universidade de Brasília, 2004b. p. 71.

[12] DELUMEAU, Jean. *O pecado e o medo*: a culpabilização no ocidente (séculos 13-18). Bauru, SP: EDUSC, 2003. v. 1, p. 9.

[13] *Ibidem*, p. 10.

Prossegue Delumeau[14] as suas considerações acerca das ideias de Agrippa d'Aubigné (1552-1630) que assim como Lefèvre demonstrava um grande desprezo pelo mundo e pelos homens, "[...] já que considerava que as suas transgressões o assustavam, murmuravam em seus ouvidos silvavam à noite como serpentes"[15]. Enquanto isso, São Francisco de Sales (1567-1622), sacerdote católico, fazia eco a Agrippa quando proferia em uma carta à Madame de Charmoisy que "Vossas culpas são em muito maior número que os cabelos de vossa cabeça, ou até mesmo que a areia do mar"[16]. Prossegue Agrippa provocando Filoteu a confessar: "Eu não passo de uma pústula no mundo e um esgoto de ingratidão e iniquidades"[17].

Mesmo que tais ideias, que desprezam o ser humano e o tornam indigno de viver a sua própria vida, visto que é eivado de imperfeições, povoem a mente de alguns, de minha parte compreendo que resta a nós alforriar-nos de semelhantes convicções e aquiescer o seguinte aforismo de Nietzsche (1844-1900): "Inimigos da verdade - Convicções são inimigos da verdade mais perigosos que as mentiras"[18].

Foi o alimento das convicções, que antes eram apenas palavras com sentido ainda restrito, que cristalizou em nós a ideia de que há uma ordem superior que explicaria a nossa inferioridade, o que ao ver de Nietzsche seria uma moral de homens fracos, que, para instigar a sua fraqueza, criou algo que fosse estático para lhes dar forças diante de suas fragilidades.

À busca da liberdade de tais doutrinas, hoje me vejo passeando pelas trilhas, pelos caminhos, pelas pontes que os meus pensamentos, as minhas palavras moldam incessantemente, pois o pensamento jorra continuamente toda sorte de sentimentos: prazeres, dores, delírios, ódios, amores, alegrias etc. Enfim, uma soma infinita, cujo resultado me diz que não sou perfeito e nem deveria sê-lo, visto que o humano perfeito está na ordem do impossível.

---

[14] *Ibidem*, p. 11.

[15] *Ibidem*, p. 12.

[16] *Idem*.

[17] *Idem*.

[18] NIETZSCHE, 2007a, aforismo 631, p. 211.

Ainda que a crítica à perfeição lhe pareça estranha, eu a compreendo — muito embora tal ideal de perfeição possa tornar-se um suplício, a flagelação que se gera no nosso ser, tendo em vista que não é possível adequarmo-nos a ela, dado que ela representa a negação da nossa natureza, que é considerada como imperfeita.

Portanto, o ideal de perfeição, o que era para ser pacificador, causou em grande medida o desassossego a nós, uma vez que o mundo em que vivemos e o que sentimos em determinados humanos é o quão eles parecem tornar-se escravos da excelência, do primor, da perfeição, o que me permite indagar: quanta dor ou sofrimento, prazer ou alegria isso lhes causa?

A nossa má educação — assim julgo existir diante do ideal de perfeição —, que agora alguns reconhecem como tal, plantou, em nossa mal-acabada alma, uma infinidade de ideais que não pertenciam à ordem humana, negou o reino das contradições, a morada de uma infinidade de lacunas. Dito de outro modo, entorpeceu-nos para que nós desconsiderássemos o espaço do instável, do efêmero, da desordem, da imperfeição.

Em face do exposto, conjecturo que fomos educados para um mundo ideal, utópico, com vistas à falsa ideia da superação do mundo no qual a verdade mora, da realidade, da incessante mudança que avassaladoramente se impõe e solapa toda e qualquer utopia ou ideal de perfeição.

Acredito que alguns de nós têm a impressão de que somos compostos de duas metades, uma vida dupla, entre o mundo ideal e o mundo real. Quanto a mim, admito que há em meus pensamentos uma parte que é a imperfeição que vigorosamente me habita, é o mundo do caos, do improvável, do imprevisto, do real. Em contrapartida, há outra metade, que vez ou outra comparece, mas sem a mesma força de outrora, a "bendita" perfeição, que foi cravada em mim e impiedosamente contradita com a minha "suposta originária" mácula, desprestigiando-a, já que me distanciei do perfeito, do sublime e do divino. Eis a minha face dupla que se liberta cada vez mais do perfeito.

Ainda que alguns de nós encontrem-se em um processo de deseducação e estejamos aprendendo a duras penas que não somos divinos, que fomos paridos na desordem e que a aparente ordem foi a grande mentira que a nós foi contada e a causa de grande parte do nosso mal-estar, imagino que a solução para tal dilema seria aceitar que somos filhos do imperfeito, do inacabado, com o doce, amargo, sarcástico e irônico sorriso para mostrar ao mundo as nossas imperfeições que foram cunhadas nas intempéries cósmicas, nas explosões que lançam initerruptamente a vida e a morte diante de nossa defeituosa compreensão e pequenez — muito embora, julgo, a nossa grandeza consista justamente em reconhecer a nossa pequenez nesse vasto e infinito Cosmos.

Concluo esta parte da reflexão com algumas considerações que, em certa medida, repetem algumas das ideias expostas acima.

Apesar de especulações, conjecturas e presunções, a pergunta ainda continua: gostaria de saber quem inventou o ideal, que se julgou como sendo o exemplar, ou criou a ideia ou imagem de ser perfeito e que, desde então, fez grande parte dos humanos desejarem ser aquilo que nem eles mesmos seriam capazes de ser, esse ser exemplar, essa excelência humana.

Confusos homens, que, em estado de delírio, imaginam tal ideia e são capazes de procurá-la nas arcaicas mitologias e dar testemunhos de que a encontraram e de que ela atenua todas as suas angústias, suas faltas ou falhas. Tais humanos, que hoje se apresentam como "homens de bem", julgam como impuros todos aqueles que pensam de modo contrário, com o fito de desqualificá-los. Em verdade, talvez a cegueira, o autoengano ou a hipocrisia não lhes permitam ver o quão imperfeitos são.

Para outros, não há espaço para a procura do equivocado ideal de perfeição. Talvez cabe aqui a seguinte analogia: podemos entender que a nossa existência é um prato posto sobre a mesa à espera de que nós possamos saboreá-lo. Com efeito, alguns aprenderam, apesar de todas as imposições sociais, a amar suas perfeitas imperfeições, são elas que temperam a sua existência e a deixam palatável para si mesmos, de modo que podem degustar a si mesmos e sentir o sabor de suas perfeitas imperfeições e imperfeitas perfeições, evitando assim indigestões físicas e psíquicas.

A ideia de perfeição e de um ser sublime, no caso Deus, o nosso autorretrato perfeito, torna-se o nosso flagelo à medida que traz o desassossego, a inquietação, rouba o nosso tempo, as nossas energias, nega a nossa natureza, os nossos instintos, a nossa humanidade, querendo que sejamos divinos. Dito de outro modo, nega a nossa condição, faz o impossível parecer possível, escraviza-nos diuturnamente e não promove a autoaceitação de nossas "imperfeições".

Tais ideais se tornaram nossos flagelos, passaram a fazer morada em nossa alma dando origem ao imperativo de que devemos, tendo em vista nossa felicidade, quiçá a nossa salvação, buscar a ordem, a harmonia, o divino, o sagrado, o perfeito etc.

Igualmente, a ideia de perfeição de um ser perfeito e, por conseguinte, de que devemos parecer perfeitos, ser bem-sucedidos, ter uma família perfeita, frequentar os melhores lugares, aparecer belos nas redes sociais, consumir objetos que reforcem tal perfeição, torna-se o nosso flagelo, uma grande armadilha à medida que nos conduz a agir como Sísifo e Atlas.

Estaremos sempre à mercê do sentimento de que falta alguma coisa, de que algo não está bem, de que há outro que parece melhor do que eu. Dá-se início à negação e culpabilização por não sermos aquilo que pensamos que deveríamos ser, ou seja, viver segundo as "expectativas" de uma ficção humana de um suposto ideal que não encontra qualquer fundamento real, já que é uma representação humana, demasiado humana.

Só por hoje eu vou admitir as minhas imperfeições, por conseguinte, banir de minha (in)completa existência todo ideal de perfeição que entorpece, atormenta, flagela e angustia a brevidade do meu ser; abandonar o ideal de beleza, de ser bem-sucedido etc. que é o condimento no mundo do parecer ser, e que em grande parte deriva da ideia de que há o perfeito que pode ser o seu flagelo e consumir a sua breve existência, o seu ser.

Outrossim, permito-me desfrutar a minha existência da maneira mais simples, pois o tempero da felicidade está no simples, ter a autoaceitação daquilo que sou, não lutar contra a minha natureza. Dito de outra maneira, não viver para atender as expectativas alheias.

Por fim, abandono o ideal de perfeição, de um ser sublime e perfeito, e compreendo que a vida perfeita e o ser perfeito são invenções e que, ao adotar tais ideais, carregarei comigo o flagelo da busca da "bendita perfeição".

## HÁ UMA ORDEM NECESSÁRIA QUE TORNA POSSÍVEL A EXISTÊNCIA DE TUDO?

Há de fato uma ordem necessária que determina tudo que existe? Haveria então uma finalidade, isto é, uma teleologia para todos os encadeamentos dos fenômenos, quer sejam naturais ou humanos? Ou aquilo que tomamos por ordem é apenas uma visão superficial de tais fenômenos, visto que não há uma ordem, e o caos, o acaso e o aleatório reinam decisivamente?

Isto posto, requer-se que a ciência clássica examine e, se for o caso, abandone os seus pressupostos e seus métodos, pois eles podem não ser suficientes para explicar determinados acontecimentos? Se assim for, parece-me necessário à ciência contemporânea escavar mais profundamente e, por conseguinte, reconhecer que a visão superficial de outrora de uma ordem é uma concepção que não se aplica mais.

Antes das explicações científicas, haviam as explicações mitológicas, cada povo tinha a sua explicação acerca da origem de tudo que existe. Na mitologia grega da criação, o mundo foi gerado a partir do caos, um ambiente de trevas. Na mitologia cristã, no livro Gênesis, Deus gera o mundo a partir do nada. Entretanto, em virtude das guerras e da dizimação de muitas culturas, perdemos uma vasta mitologia acerca da criação do mundo. Na tradição ocidental, com a oficialização do cristianismo como religião do Império Romano, a cultura mitológica grega passou a ser denominada pagã em prol da hegemonia da mitologia cristã.

Somam-se a isso as conquistas de outros povos a partir da intensificação da navegação europeia para outros continentes e, com efeito, a extinção das culturas mitológicas de vários desses povos, bem como de todos aqueles que não se submetiam ao processo de colonização que se travestia de civilizatório, cujo Deus do Velho Continente, o europeu, foi importado e disseminado por intermédio do processo de "colonização" e da catequização. Assim, o Deus de um povo, de uma pátria, impõe-se aos outros, àqueles sobre os quais conseguissem estender os seus domínios e ampliar o território do seu Deus. Portanto, em proveito do monoteísmo, muitos povos e culturas foram escravizadas e dizimadas.

Nietzsche (1844-1900) nos diz o que o conceito vive às custas da eliminação das diferenças. Exemplo: "[...] uma folha nunca é igual a outra, mas para se obter o conceito de folha eliminamos todas as diferenças para supor a existência da folha"[19]. E com o monoteísmo não foi diferente, visto que, para opor-se ao politeísmo dos povos que conquistavam, eliminavam os seus deuses com a pretensão de propagar a existência de um conceito de Deus, um Deus único. Assim todos os outros deuses deveriam ser eliminados.

Segundo Peter Burke[20], o debate sobre o valor do conhecimento principia na Grécia Antiga, cujo ambiente tinha exemplos como: Heráclito de Éfeso (540-470 a.C.), Empédocles (495-435 a.C.), Pitágoras de Samos (570-495 a.C.), o sofista Hípias de Élis (460-399 a.C.) etc. que eram considerados por alguns como aqueles que tudo sabiam, ao passo que para outros eram considerados como generalistas, pois detinham o conhecimento geral ou o conhecimento de muitas disciplinas — essa era a sua especialidade. Entretanto, alguns diziam que eles sabiam um pouco de tudo e nada com profundidade.

Desse modo, a ciência na tradição ocidental remonta aos pré-socráticos, isto é, um grupo de pensadores pertencentes a diversas escolas que são anteriores a Sócrates e foram posteriormente, em virtude da importância de Sócrates na tradição filosófica, assim denominados. Eles, a princípio, eram considerados como físicos, visto que buscavam compreender a causa material de tudo o que existe. Seria a água, o ar, a terra, o fogo ou a combinação desses elementos?

Assim, temos então o início da ciência, uma vez que a mitologia grega já não era considerada, para esses primeiros pensadores,

---

[19] NIETZSCHE, Friedrich Wilhelm. *Sobre a verdade e a mentira em um sentido extra-moral*. Tradução de Fernando Moraes Barros. São Paulo: Hedra, 2007c. p. 30.

[20] BURKE, Peter. *O polímata*: uma história cultural de Leonardo Da Vinci a Susan Sontag. São Paulo: Editora Unesp, 2020. p. 25.

a forma mais adequada de explicação. Eis então a iniciação, o ato de degustar do fruto da árvore do conhecimento, o conhecimento científico, porquanto, segundo os pré-socráticos, haveria um porquê, uma causa, uma ordem necessária que indicava a presença de um princípio que tudo ordenaria e, por conseguinte, permitiria compreender tudo o que há.

Marcelo Gleiser, em sua obra, adverte-nos sobre a impressão errada que temos dos cientistas, "[...] já que estes, conforme a nossa visão, ao racionalizarem a beleza da natureza, a corrompe com a sua análise puramente matemática dos fenômenos"[21].

Prossegue Gleiser: "[...] em sua exposição que tanto a ciência quanto a religião, apesar de diferentes, têm a mesma essência, já que buscam compreender a causa de tudo que existe"[22]. No entanto, ressalta que na religião não se testa nada, ao passo que na ciência as teorias podem ser testadas e até refutadas quando não conseguem explicar satisfatoriamente os fenômenos. Ainda que tenham símbolos e linguagens diferentes, há um ponto de intersecção entre elas, qual seja: a procura de uma causa que explique os fenômenos humanos e naturais.

Os pré-socráticos, em grande parte, inauguraram o que hoje compreendemos como a origem da física clássica ou determinista, cuja forma de pensar se encontra pautada na ideia de que há uma ordem intrínseca que instaura no mundo uma conexão de eventos e, uma vez que consigamos encontrar as presilhas que atam tal conexão, chegaremos até a causa que tudo explica.

Agora diante da ciência que se desenvolve na busca de uma causa, de uma ordem necessária, principia-se o abandono da explicação mitológica, cujas ideias do caos, da desordem e do imperfeito se tornaram de menor importância e cederam espaço para ideias como equilíbrio, perfeição, harmonia e ordem.

---

[21] GLEISER, Marcelo. *A dança do universo*: dos mitos da criação ao big-bang. São Paulo: Companhia das Letras, 1997. p. 17.

[22] *Ibidem*, p. 18.

Pelo que até então foi mencionado, retomo às indagações iniciais: há de fato uma ordem necessária que determina tudo que existe? Haveria então uma finalidade ou teleologia para todos os encadeamentos dos fenômenos, quer sejam naturais ou humanos? Ou aquilo que tomamos por ordem é apenas uma visão superficial de tais fenômenos, visto que não há uma ordem e o caos e o acaso seriam o que possibilita retirar o véu que distorceu por um longo tempo a nossa visão simplista e superficial de uma tradicional ordem?

Hoje, ao revisitar a história de minha existência, sobreveio-me a percepção de quanto o caos, isto é, situações imprevistas estruturaram e impactaram profundamente a minha trajetória e que tal conjunção persistirá até o último suspiro da minha caótica e admirável existência. Digo admirável pelo simples fato de reconhecer que a mim não foram dadas as chaves que abrem as janelas dos próximos acontecimentos, eles são e serão engendrados pelo caos, pelo acaso, pelo aleatório.

Talvez até aqui, para alguns, essa ideia possa causar um certo espanto, vazio ou impotência, mas quanto a outros e a mim presumo que as ideias do caos, do acaso e do aleatório parecem mais fascinantes e promissoras, pois um pequeno acontecimento, que muitas vezes nos é imperceptível, poderá mudar a nossa história e a tornará repleta de surpresas, quer sejam emocionalmente agradáveis ou dolorosas; já que é o caos, o acaso e o aleatório que a orientam e dirigirão as nossas vidas para trilhas que jamais imaginamos que existiriam.

Embora, em grande parte de nossa existência, tenhamos vasculhado em busca de uma ordem que explicasse a razão do nosso ser, da nossa aparição, isto é, do fato de existirmos, há de se reconhecer que tal procura começa a tomar forma com o surgimento do pensamento científico e filosófico.

Essa nova forma de pensar nos mostrará uma nova cosmovisão, dado que, desde os primórdios da civilização ocidental, havia mitologias que versavam sobre a desordem e o caos como o princípio de tudo que há. O poeta Hesíodo considera o Caos como a primeira divindade que surgiu no Universo, o primeiro Deus, o Deus primordial concebido como vazio, aquele que controlava toda a energia cósmica.

Entretanto, o distanciamento das explicações mitológicas e, por conseguinte, a adoção da racionalidade científica contribuíram para a cristalização da ideia de uma causa primeira que permitiria a nós, a princípio, explicar os fenômenos físicos. Parafraseando as palavras do pré-socrático Anaximandro (610-547 a.C.), nas interpretações de Aristóteles (384-322 a.C.), os fenômenos se originavam de um celeiro inesgotável de onde a realidade jorra incessantemente. Uma vez que tal celeiro fosse encontrado, estaríamos diante da verdade acerca de tudo que existe, mas, mesmo que ele não seja encontrado, a hipótese de sua existência não deixa de ser fascinante.

Certamente a ideia de uma causa sedimentou o determinismo clássico, colaborou para ideais tais como: o perfeito, a harmonia, o equilíbrio das leis da natureza que não se sujeitavam às mudanças. Tal explicação se tornou parte constitutiva da ciência clássica. Portanto, as buscas da ordem, da harmonia, do divino, do sagrado, do perfeito, tornar-se-ão imperativos que não poderiam ser obliterados.

Não obstante, nós, os humanos, em grande parte incapazes de aceitar que não podemos determinar o vir a ser, diante de nossa fragilidade e da racionalização do divino, começamos a abandonar o politeísmo e adotar o monoteísmo, dado que inventamos um Deus perfeito e bom, aquele que tem a onisciência, a onipotência, a onipresença e, portanto, sabe todos os desígnios a que estamos sujeitos e, por conseguinte, acreditamos que, por meio de nossas preces, poderíamos controlar o que está por vir.

Assim, Deus imprimiu as leis que regem o Universo e a nós humanos deu a inteligência para que pudéssemos compreender tais leis. Tal ideia parece um daqueles jogos de esconde-esconde que fazíamos na nossa infância; e a ciência contemporânea, em oposição à ciência clássica, já não vê mais sentido em jogá-lo, pois a ordem já não abarca mais esse jogo, visto que percebemos que o previsível se tornou imprevisível e vice-versa, que a "ordem" vem da desordem, do caos, do acaso, do aleatório.

Tais imperativos puseram-me defronte a uma questão: há um caos subjacente, que não é visível aos olhos, e tal caos deve ser compreendido ou aceito sob pena de não assimilarmos a nossa desordem enquanto seres viventes? Dito de outro modo, não há nada predeterminado, uma ordem da qual emana todas as leis, nas quais habitam a harmonia, o divino, o sagrado, o perfeito, e que conduz o nosso existir?

Nessa toada, alguns de nós sentiram-se impulsionados a renunciar à ordem na qual estamos inseridos e buscar a desordem, o além dos nossos formatados olhos, para compreender as nossas angústias e para, após a nossa morte, aceitar que iremos habitar o reino de nossa origem: o mundo imperfeito e caótico, o Universo que nos pariu.

Hoje, alguns têm uma forte intuição de que essas criações, isto é, os ideais de ordem, perfeição, reino de Deus são sobretudo uma maneira de controle social, que estão incrustados de tal modo em nossas almas e, consequentemente, fazem do mundo terrestre um espaço no qual nós, os seres humanos, somos eternos arrastadores de correntes, escravos que quebram pedras com os olhos; e as almas, voltadas para essa distante e inalcançável ordem, são o fruto de parte de uma ciência nascente e de uma mitologia arcaica.

Segundo Nietzsche, "[...] o mundo parece-nos lógico porque nós primeiro o fizemos logicizado"[23]. Assim, deveríamos especular com o propósito de libertar-nos de tais amarras lógicas que atam o mundo e, por conseguinte, reconhecer que o caos impera, ele é o rei que tudo habita, a causa de tudo; outrossim, que a ordem que procuramos pode ser escravizadora, impeditiva de uma vida terrena mais autêntica, tendo em vista que já não estamos mais submetidos aos desígnios de Deus, pois o caos e o acaso é que regem a nossa "admirável" e efêmera existência.

Além do mais, acredito que as ideias do caos e do acaso sempre nos foram mais atrativas, pois o previsível, a nós, os mortais, pareceu sugerir a falsa a ideia de que teríamos o controle de nossa existência.

Após alguns anos, penso que haveremos de aceitar que não há prece e nem ciência que possam resolver as nossas incertezas.

---

[23] NIETZSCHE, Friedrich Wilhelm. *Fragmentos finais*. Seleção, tradução e prefácio: Flávio René Kothe. Brasília: Editora Universidade de Brasília, 2002. p. 74.

Desse modo, seria mais palatável reconhecer o caos, o acaso e o aleatório como os moldes que determinam indeterminadamente o vir a ser.

A física quântica ou a mecânica quântica se opôs à física clássica, pois as suas leis não permitiam explicar o comportamento das pequenas partículas, o mundo atômico e as partículas subatômicas. Tal oposição se deu em virtude de que há um mundo minúsculo que não se submete às leis da física clássica — nada está determinado, tudo é probabilístico.

Pasternak[24], em uma de suas entrevistas, faz referência a Ilya Prigogine (1917-2003)[25], enfatizando que ele "[...] não hesitou em proclamar o advento de uma nova racionalidade científica, que denominou de uma racionalidade revolucionária, visto que se abandona a ideia de que as leis da natureza são irreversíveis"[26]. Portanto, desse ponto de vista, a ciência clássica revelaria os seus limites, confessando-se por vezes mecanicista, reducionista e tendendo à linearidade.

Outro teórico citado na obra de Pasternak foi Edgar Morin, que aborda a teoria da complexidade. Segundo Morin,

> A extrema quantidade de interações e interferências em um número muito grande de unidades [...] que desafiam as nossas possibilidades de cálculo; mas a complexidade abrange indeterminações, fenômenos aleatórios [...]. Ela convive com uma parte de incertezas seja nas raias do nosso entendimento, seja inscrita nos fenômenos.[27]

Em virtude disso, apresenta-se um grande desafio às nossas possibilidades de cálculos que abrangem também indeterminações, fenômenos aleatórios. Assim, a complexidade convive com uma grande incerteza, seja nas raias do nosso entendimento, seja inscrita nos fenômenos.

---

[24] PESSIS-PASTERNAK, Guita. *Do caos à inteligência artificial*: quando os cientistas se interrogam. Tradução de Luiz Paulo Rouanet. São Paulo: Editora da Universidade Estadual Paulista, 1993. p. 13.

[25] Ilya Prigogine formulou a teoria das estruturas dissipativa e recebeu o Nobel de Química em 1977.

[26] PESSIS-PASTERNAK, 1993, p. 13.

[27] *Ibidem*, p. 14.

Tal percepção da ciência clássica que aborda a relação de causa e efeito de modo linear, o que lhe permite crer que pode conhecer todos os fenômenos do mundo, tudo que abarca a natureza, não tem mais valia quando observamos as interações, os fenômenos em uma escala mais ampla, em um mundo subatômico. Portanto, proclamam a física ou a mecânica quântica que há de se reconhecer que o ideal determinista naufragou.

Contrariamente à ciência clássica, que havia reduzido a natureza à figura de um mero autômato, Ilya Prigogine, na obra *Do caos à inteligência artificial*, "[...] admite a urgência de um novo enfoque científico e assinala a importância capital do tempo irreversível — este fluxo do devir — a pedra angular de toda a mudança"[28].

Assim sendo, segundo Ilya Prigogine,

> A ciência determinista clássica cede o lugar à uma ciência pluralista que, por conseguinte, respeita outros questionamentos, outras culturas, cuja mensagem parece poder se integrar em um campo cultural mais vasto, inaugurando talvez uma nova era do saber.[29]

Portanto, há uma nova abordagem da realidade sem o ideal presente na física clássica. Temos igualmente, com o surgimento da física quântica, a ideia de que a ordem advém da desordem, o que é visto como racionalidade científica revolucionária. Soma-se a isso a extrema quantidade de interações e interferências em um número muito grande de unidades — a ciência deixa de ser singular para ser plural. Dito de outro modo, deixa de ser "monoteísta" para ser "politeísta".

Há um autor que considero como o ponto arquimediano dessa temática acerca do acaso, haja vista que a sua história se presta a demonstrar como o acaso determina a nossa existência.

O autor ao qual me refiro é Leonard Mlodinow e sua obra é *O andar do bêbado: como o acaso determina as nossas vidas*, que

---

[28] *Ibidem*, p. 36.

[29] PESSIS-PASTERNAK, 1993, p. 36.

foi reconhecida por Stephen Hawking como um guia maravilhoso e acessível sobre como o aleatório afeta as nossas vidas. Leonard põe em tela que a nossa estrutura mental "[...] foi construída para identificar uma causa definida para cada acontecimento, podendo assim ter bastante dificuldade em aceitar a influência de fatores aleatórios ou não relacionados"[30].

Prossegue Leonard, afirmando que as equações matemáticas não são capazes de explicar e prever determinados acontecimentos, já que "A vida não é assim", disse meu pai. "Às vezes ocorrem coisas que não podem ser previstas"[31].

Perguntamos: eu, você, nós deveríamos necessariamente existir? Ou somos frutos do acaso, do caos, do aleatório? A nossa existência é necessária ou decorreu de um acidente, de algo aleatório, que não estava previsto?

Antes que o pai de Leonard narre parte da sua história, convido o leitor a regressar no tempo e perguntar aos seus pais, se ainda estiverem vivos, como foi que eles se conheceram e, por conseguinte, como você veio a este mundo. Geralmente, enquanto professor de Filosofia, eu, na minha prática docente, sempre narrava de forma poética e irônica a minha existência para mostrar aos meus alunos o quão fruto do caos, do acaso e do aleatório ela foi e continua a ser. Dito de outro modo, a minha existência não estava predeterminada, foi fruto do caos, do acaso e do aleatório.

A história contada pelo pai de Leonard[32] remonta à Segunda Guerra Mundial, nos campos de concentração nazista. Segundo o pai de Leonard, ele se encontrava faminto em Buchenwald — campo de concentração em Weimar na Alemanha, lugar onde ficou preso — e, enfraquecido pela fome, roubou um pão da padaria. O padeiro fez com que a Gestapo reunisse e alinhasse todos os suspeitos do crime, já que o padeiro queria saber quem roubou o pão. Na ausência

---

[30] MLODINOW, Leonard. *O andar do bêbado*: como o acaso determina as nossas vidas. Rio de Janeiro: Zahar, 2009. p. 9.

[31] *Ibidem*, p. 11.

[32] *Ibidem*, p. 11-12.

de resposta, o padeiro ordenou que os soldados fuzilassem os suspeitos um a um na esperança de que alguém confessasse. O pai de Leonard deu um passo à frente para poupar os outros e confessou que foi ele o autor do roubo.

Em vez de fuzilá-lo, o padeiro deu a ele um emprego de assistente. Disse o pai ao seu filho Leonard: "Um lance de sorte". "Não tem nada a ver com você, mas se o desfecho fosse diferente você não teria nascido"[33]. Nesse momento, Leonard conclui que, se não fosse Hitler, ele jamais teria existido, pois os alemães já haviam assassinado a primeira esposa de seu pai e os seus dois filhos. Após o fim da guerra, o pai emigrou-se para Nova York, onde conheceu a sua mãe, também refugiada. Portanto, se não fossem tais acontecimentos, o pai Leonard e sua nova esposa jamais teriam Leonard e seus dois irmãos.

O novelo das nossas vidas não tem um caminho predeterminado por onde as linhas irão trilhar e desenhar a nossa existência, já que um dique, uma corrente, uma tempestade e um encontro com um outro novelo mudará aleatoriamente o caminho que elas percorrem.

Novamente, retomamos a questão: você deveria necessariamente existir? Ou és fruto do acaso, do caos, do aleatório? A quem deveria agradecer por estar aqui? Leonard poderia agradecer a Hitler e você a quem seria grato?

Quanto a mim, eu confesso, a minha ordem é uma aparência e o caos é a minha essência, pois no seio do meu ser há uma chama de contradições que não se apagam. Penso que, movido pelo desejo de encontrar uma ordem, eu me tornei um homem de hábitos. Entre o nascer e o pôr do sol, eu criei rotinas, pois desse modo a ideia de ordem imperava e a vida pacificamente corria.

Assim, a toada da existência foi se desenhando e a minha crença em uma disposição se fundamentava de maneira que a convicção de que tudo tinha uma teleologia, uma finalidade, se sedimentava.

Em um dado momento, os revezes, os grandes moldes da existência, começaram a tomar forma. A ordem, outrora venerada,

---

[33] *Ibidem*, p. 11.

cedeu espaço ao caos, os alicerces de minhas certezas ruíram e as verdades até então absolutas foram inundadas pelas ondas da dúvida.

Desde então, o caos se fez vida presente, contínuo e, pouco a pouco, pude perceber que a sua força criadora sobrepujava a toda ordem e a sua atração era mais avassaladora do que todo o arranjo que eu havia ilusoriamente construído.

Agora estava certo de que, segundo Peterson, "[...] habitamos a ordem eternamente, rodeados pelo caos"[34]. Ainda que, segundo Peterson, em referência a Mark Twain, "[...] o que nos causa problemas não é o que sabemos. É o que temos certeza que sabemos e que, ao final, não é verdade"[35]. Reconheço que o caos, que outrora reinava no subterrâneo, veio à tona, tornou-se a matéria-prima de uma nova "ordem", uma estrutura amorfa, porém extremamente encantadora, haja vista que ela se identifica (des)harmonicamente com a minh'alma, produzindo a melodia, o fundo musical de minha existência, exalando a minha "essência".

De minha parte, eu me rendo, dado que chegou o momento da vida que reconheço a minha impotência diante das vicissitudes da minha existência, do mar revolto que a permeia e, com efeito, das tempestades e turbulências que comparecem.

Hoje aceito o acaso, o caos e o aleatório como as velas que me conduzem nessa frágil e delicada travessia e que não se submetem ao timoneiro, aquele que comanda o leme. Assim, a vida, mesmo que esteja aparentemente à deriva, segue o curso que lhe é dado a cada instante, aleatoriamente, no caminho do caos e do acaso.

Em especulações durante a minha docência, fazia as seguintes perguntas aos alunos: a existência do planeta Terra e, com efeito, de todos os seres vivos que aqui habitam foi necessária ou é fruto do acaso? Não seriam os cometas espermas à procura de planetas que possam ser fecundados? Assim a nossa existência, bem como as demais espécies e toda a natureza seriam uma obra do acaso?

---

[34] PETERSON, Jordan B. *12 regras para a vida, um antídoto para o caos*. Tradução de Wendy Campos. Rio de Janeiro: Atlas Book, 2018. p. 44.

[35] *Ibidem*, p. 12.

Pelo exposto, resolvi adotar o acaso, o caos e o aleatório, ainda que vez ou outra a ilusão do controle compareça.

Em uma rápida, profunda e grata oração, deixo a minha prece:

Ao acaso deixo a minha vazia prece...

Eu me entrego ao acaso...

Que o acaso, o caos e aleatório se façam presentes.

Que assim seja!

## A DÚVIDA É UMA CENTELHA QUE HABITA EM NOSSA ALMA

A fé e a dúvida são duas faces da nossa existência. A fé se liga ao mundo ideal, à vida celeste; e, em contrapartida, a dúvida se liga ao mundo real, à vida terrestre. Eis-nos diante de nossa vida dupla: a fé e a dúvida.

A dúvida nunca foi benquista a um homem de fé, em especial a um cristão, já que ela é considerada a maior inimiga de sua fé. Em Mateus[36], cap. 14, versículo 28, há o relato de que Jesus caminhava sobre as águas e que tal fato a princípio causou espanto aos seus discípulos que o viam de longe, já que alguns pensaram que fosse um fantasma. Entretanto, quando se aproximaram, perceberam que era Jesus.

Pedro, um de seus discípulos, exclamou a Jesus que o mandasse ir até ele caminhando sobre as águas. Pedro desceu de sua barca e começou a caminhar até Jesus, mas, em um dado momento, em virtude do vento e uma certa agitação das águas, ficou com medo e pediu a Jesus que lhe estendesse a mão, pois começava a afundar-se, gritando: "Salva-me!". Após Jesus estender-lhe a mão, disse a Pedro: "Homem fraco na fé, por que duvidou?".

Embora a dúvida possa ser maldita para alguns, acredito que ela é uma centelha que habita implacavelmente o nosso ser, não há como extirpá-la, tanto que no último suspiro de nossa existência, se tivermos consciência, uma grande interrogação comparecerá em nossa alma.

Desse modo, pressuponho que não há como esquivar-se dela, já que assim como a fé, a dúvida faz morada em nosso ser. Ela, a dúvida, está lá, silenciada por alguns que a temem e estrondeada por aqueles que a veneram. Talvez seria interessante o cultivo das duas. No entanto, penso que para alguns a dúvida é estarrecedora princi-

36 Biblia Sagrada. São Paulo: Sociedade bíblica católica internacional, 1990, p. 1252.

palmente diante da morte; contudo, para outros, que apreenderam a conviver com ela, a morte, creio, não deverá ser tão perturbadora.

Assim, a fé passou a ser vista como uma qualidade do homem forte e a dúvida como uma deficiência do homem fraco. Todavia, compreendo que necessitamos de uma educação que nos estimule a apreender a conviver com a dúvida, já que fomos educados para coabitar com as certezas que nos remetem à nossa tenra infância, o momento em que acreditávamos em pluralidade, seres, estórias — um mundo mágico onde tudo era possível. Contudo, presumo que, para alguns que sempre evitaram a dúvida quando chega à velhice, o momento em que não há mais o mágico, a dúvida começa a tomar forma e de certo modo inquietar as suas almas.

Ainda que a dúvida seja malquista por alguns e benquista por poucos, penso que ela foi o grande motor do mundo, em especial nos avanços científicos e tecnológicos, mesmo que tenha se contraposto à fé. E a história da civilização ocidental tem tristes exemplos de que opor-se à fé, em especial aos dogmas cristãos, permitiu que notáveis homens fossem censurados e até queimados por manifestarem as suas dúvidas.

Como exemplos, cito Galileu Galilei (1564-1642), o defensor do heliocentrismo na Idade Moderna, que foi condenado à prisão domiciliar após retratar-se perante a Igreja e confirmar o geocentrismo, aquilo que não acreditava. Soma-se à sua defesa do heliocentrismo a sua observação da imperfeição dos corpos celestes que também contradizia a fé. O outro exemplo foi Giordano Bruno (1548-1600), que foi condenado à morte por duvidar de alguns dogmas, quais sejam: a virgindade de Maria e a Santa Trindade (Pai, Filho e Espírito Santo), bem como defender que o Universo era infinito e que havia muitas Terras por aí.

Hoje quando me deparo com as imagens do telescópio Hubble e, mais recentemente, com as imagens do telescópio James Webb, sinto um profundo fascínio. É nesse momento que a dúvida me deixa em êxtase, tem proporções nunca antes experimentadas. Julgo impossível a um ser humano honesto olhar tais imagens e não compreender o tamanho de sua ignorância em face desse infinito Universo.

As últimas estimativas dos astrônomos é de que na Via Láctea, a galáxia na qual vivemos, “o Sol é uma das 200 bilhões de estrelas”[37]. Em relação às galáxias, os cientistas acreditam que “[...] os limites superiores de algumas estimativas apontam que o Universo possa abrigar cerca de 2 trilhões de galáxias!”[38] Pelo exposto, indago: quais serão as revelações que teremos com o telescópio James Webb e com os novos telescópios? Quem somos nós nessa imensidão de galáxias?

Essas questões, para aqueles que professam a fé, podem ser perturbadoras, pois a dúvida que antes era uma centelha pode ampliar a sua chama e gerar um mal-estar ou quem sabe despertar o desejo pelo conhecimento científico. Todavia, para aquele que exercita a dúvida, tem uma potência fascinante, já que reforça, amplia e faz da dúvida um estado de êxtase, de curiosidade e de perplexidade.

De minha parte eu confesso: a dúvida é a minha eterna companhia. Se a certeza chegar, trará consigo a morte. Por isso eu amo a dúvida, é ela que me move, que me instiga e que me inquieta, portanto, com ela sei que estou vivo, sem ela estarei morto. Assim, eu professo a dúvida, para que a pretensão da certeza não mortifique a minha fé, o professar que se esteia na dúvida, na minha ignorância.

Com o advento do cristianismo, a negação da ciência perpassa toda a sua história, pois o avanço científico, na maioria das vezes, contrapôs-se à fé, à moral conservadora ou reacionária, cuja pretensão é manter intactos os seus valores, os seus dogmas, os costumes sempre justificados nas Sagradas Escrituras, um livro que narra um contexto histórico diferente e, com efeito, põe em movimento questões e respostas a um determinado contexto histórico de determinado povo, e não da humanidade e da história em geral.

---

[37] POSSES, Ana; MELLO, Duília de; PONTE, Geisa. Via Láctea: 6 fatos que você precisa saber sobre nossa galáxia. *Revista Galileu*, [*s. l.*], 18 jun. 2021. Disponível em: https://revistagalileu.globo.com/Ciencia/Espaco/noticia/2021/06/lactea-6-fatos-que-voce-precisa-saber-sobre-nossa-galaxia.html. Acesso em: 27 dez. 2022.

[38] OLIVEIRA, Nícolas. Quantas galáxias existem no universo? Semana #AstroMiniBR. *Tecmundo*, [*s. l.*], 14 ago. 2021. Disponível em: https://www.tecmundo.com.br/ciencia/223061-quantas-galaxias-existem-universo-semana- astrominibr.htm. Acesso em: 27 dez. 2022.

Atualmente vivemos diante de um movimento denominado de negacionismo, que se manifesta em várias áreas do conhecimento. Portanto, esse movimento está presente nas ciências de modo geral e causa-me um profundo espanto pelo simples fato de que ele comparece, em grande parte, na voz daqueles que não têm uma formação científica, isto é, se autointitulam cientistas, mas são pseudocientistas, devido ao fato de que desconhecem a história da própria ciência, bem como os seus métodos. Entre esses podemos destacar os pastores, os padres, os influencers, os blogueiros, os políticos, isto é, os pseudocientistas, os teóricos da conspiração e a sua legião de seguidores.

Umberto Eco, em declaração durante um evento realizado em 10/06/2015, na Universidade de Turim na Itália, quando foi agraciado com título de doutor *honoris causa* em Comunicação e Cultura, criticou a atuação das novas tecnologias, em especial das redes sociais, cujo processo de disseminação da informação deu o direito à palavra a uma "legião de imbecis" que antes falavam apenas "[...] em um bar e depois de uma taça de vinho, sem prejudicar a coletividade"[39]. Prossegue as suas críticas ressaltando que, antes das redes sociais, "[...] normalmente eles, os imbecis, eram imediatamente calados, mas agora eles têm o mesmo direito à palavra de um Prêmio Nobel"[40].

A crítica de Umberto Eco me remete a Michel de Montaigne (1533-1592) que, em um de seus ensaios, diz que "[...] quanto mais a alma é vazia e nada mais tem como contrapeso, tanto mais ela cede facilmente à carga das primeiras impressões"[41], dado que não tem como contrapeso uma formação científica e a crítica de qualidade. Em virtude disso, poderíamos fazer uma analogia à "legião de imbecis" de Umberto Eco, com a legião de "alma vazia" de Michel Montaigne.

---

[39] TERRA. Redes sociais deram voz a legião de imbecis, diz Umberto Eco. *Terra*, [*s. l.*], 11 jun. 2015. Disponível em: https://www.terra.com.br/noticias/educacao/redes-sociais-deram-voz-a-legiao-de-imbecis-diz-umberto-eco,6fc187c948a383255d784b70cab16129m6t0RCRD.html. Acesso em: 22 nov. 2022.

[40] *Idem*.

[41] MONTAIGNE, Michel. Da loucura de opinar acerca do verdadeiro e do falso unicamente de acordo com a razão. *In*: MONTAIGNE, Michel. *Ensaios*. Tradução de Sérgio Milliet. São Paulo: Nova Cultural, 1996a. v. 1, cap. 27, p. 174.

São essas legiões de imbecis ou alma vazia que têm conduzido aqueles que padecem da mesma síndrome, julgam ter razão para discutir todos os assuntos, mas se examinarmos atentamente veremos que não têm bases científicas, dado que se encontram embriagados pelas primeiras impressões, já que é a fé na pseudociência que os move, e não há dúvida. Duvidar para eles é um ato impossível, uma vez que não há um contrapeso, de sorte que cedem com facilidade à legião de imbecis ou à legião de alma vazia.

Em face do exposto, gostaria de expressar a minha indignação, pois eu digo não ao negacionismo, às teorias da conspiração, às *fake news*. Dito de outro modo: eu digo não à pseudociência, isto é, explicações simplistas para questões complexas.

Todavia, eu digo sim à ciência e aos seus métodos que tornam as evidências o seu fim. Reconheço que a ciência exige o esforço e a dedicação de honoráveis homens que a cultivam para salvar vidas. Reconheço, igualmente, que a ciência, quando responde a uma determinada questão, depara-se com muitas outras questões. Tal fato nos alerta que a ciência é feita de evidências, mas para cada evidência novas dúvidas se sobressaem e, com efeito, tornam a ciência ainda mais fascinante e desafiadora, já que a dúvida lhe dá vida e a coloca em movimento.

Implacavelmente eu digo não ao império da mediocridade que nos rodeia, que se infiltra sorrateiramente nas entranhas das nossas instituições — que, segundo John Rawls, existem para realizar a Justiça — com vistas a destruí-las com a sua sagrada ignobilidade.

Por fim, eu digo sim à esperança de que, apesar da legião de imbecis e da alma vazia, a ciência possa triunfar, mesmo que ainda exista o medíocre que dela se beneficia a todo instante e por idiotia ainda continua a negá-la.

Ao que parece, temos entre nós o império do medíocre. O termo medíocre vem do latim *mediocris*. A princípio o termo designava o mediano, médio. Hoje, em nossa língua, o termo adquiriu conotações pejorativas, pois se reporta ao que está abaixo da média. Dito de outro modo, significa o que não está bom.

Assim, a intenção inicial não é a de se reportar ao significado primeiro, o mediano. Portanto, refiro-me ao que estabelecido está, o que não está bom. Isto posto, gostaria de evidenciar o que reina entre nós, o império do medíocre e que qualquer tentativa de transpô-lo soa como algo nada aprazível. Precisamos entreter as pessoas e o único modo de fazê-lo é por meio do espetáculo.

Para tanto, deve-se abandonar as especulações intelectuais, visto que são monótonas e fatigantes, pois tendem a entediar os nossos atentos e motivados ouvintes. É melhor dar-lhes um espetáculo, de preferência aquele que propicia o riso frouxo, sem que lhe seja requisitado pensar de modo mais profundo.

Sérgio Buarque de Holanda (1902-1982), em sua obra *Raízes do Brasil*, descreve com maestria a nossa formação. Utiliza-se do termo "a praga do bacharelismo" para designar a nossa "vocação" acadêmica[42]. Ao que parece, reina entre nós esse sangue medíocre, queremos ser bacharéis, porém com pouco esforço ou esforço nenhum.

Hoje é perceptível que qualquer tentativa de provocar uma discussão mais acalorada deve ser evitada, pois pode melindrar e, a depender das circunstâncias, causar agressões verbais e até físicas, visto que a legião de imbecis ou alma vazia recorrem à agressão verbal e física diante da falta de argumentos. Pobre é o país em que o medíocre impera.

Uma vez exposta a minha indignação, vejo-me diante de uma questão: onde eu me encontro neste "mundo de meu deus", nesse império do medíocre? Aqui tantas coisas me foram ensinadas, de sorte que me tornei herdeiro de uma tradição que compõe a minha subjetividade, os meus pensamentos. Tal tradição me ensinou valores como se eles tivessem uma existência própria, isto é, independentemente de nós, eles existem.

Essa tradição foi designada por Nietzsche como "[...] a crença fundamental dos metafísicos"[43] ou a crença de que poderíamos

---

[42] HOLANDA, Sérgio Buarque. *Raízes do Brasil*. São Paulo: Companhia das Letras, 1995. p. 157.

[43] NIETZSCHE, Friedrich Wilhelm. *Para além do bem e do mal ou prelúdio de uma filosofia do futuro*. Tradução de Márcio Pugliesi. São Paulo: Hemus Livraria e Editora, 2001. p. 12.

conhecer a verdade. Por exemplo, nós assistimos ao ato de honestidade de um humano, desde então supomos que a honestidade em si existe tomando como referência apenas um comportamento considerado honesto.

Assim, a crença fundamental dos metafísicos, que de certo modo assemelha-se à legião de imbecis de outrora, ensinou a mim a nominar as coisas sempre de maneira oposta e acreditar que elas eram verdadeiras, quais sejam: o bem e o mal, o justo e o injusto, a morte e a vida, o finito e o infinito, o perfeito e o imperfeito etc. Desse modo, tornei-me crente de que existiam o bem e o mal, o justo e o injusto etc. quando de fato bem e mal, justo e injusto são meramente nomes por meio dos quais qualificamos determinadas ações, e não essências.

Tais ideias ou crença dos metafísicos foram pregadas em minha mente como verdades, de sorte que os pensamentos e os valores que a mim foram ministrados revelam que a minha mente sofreu sucessivas crucificações, visto que essas contribuíram para elaborar juízos acerca das ações humanas a partir de uma suposta qualidade oculta, sendo o intelecto capaz de alcançar a verdade oculta, isto é, "a honestidade".

Hoje compreendo que tinha razão Nietzsche (1844-1901) quando dizia que fabricamos os conceitos e, depois de um longo tempo, esquecemos que fomos nós que doamos a eles os seus significados. Ainda segundo Nietzsche, "[...] os conceitos vivem às custas da eliminação das diferenças"[44]. Exemplo: dizemos "a árvore", quando na realidade existem árvores; dizemos "homem", quando na realidade existem homens. "Acreditamos saber algo das próprias coisas quando possuímos apenas metáforas e não as suas essencialidades"[45]. Dito de outro modo, no que concerne aos conceitos, o igual só existe se eliminarmos o desigual, o diferente.

Acredito que a soberba foi o pincel que usamos para pintar a nós mesmos, visto que estampamos a nós como dotados de inte-

---

[44] NIETZSCHE, 2007c, p. 35.

[45] *Idem*.

lecto. Consoante a Nietzsche, julgamos que poderíamos conhecer a verdade, tamanha foi a fé em nosso intelecto. Em verdade, para ser redundante, esquecemos que o próprio conceito de verdade foi uma das nossas mais bizarras invenções e que, depois de um longo tempo de uso, estamos crentes de que ela existe, mas é apenas uma palavra, uma metáfora e não "a verdade", essa qualidade oculta.

Penso que, devido ao nosso autorretrato, a fé depositada em nosso intelecto nos propiciou supor que nós seríamos a imagem e semelhança do ideal, do Deus, do perfeito, tamanha a fé que tínhamos no perfeito, do qual deveríamos ser os representantes diretos. Entretanto, como poderíamos conhecê-lo se não conhecemos nem a nós mesmos? Será que os nossos desenhos, os autorretratos que fizemos de nós mesmos, não são ideais perfeitos de nós e do que consideramos Deus?

Acredito que somos mestres em compor autorretratos, uma vez que pintamos a realidade conforme o que habita nossa alma e o modo como ela reflete aquilo que consideramos como real e, ao que parece, alguns acreditam, têm fé nos seus retratos, nas suas pinturas, desde que julguem ser semelhantes a si mesmos.

Pelo exposto, reporto-me à obra de Nietzsche, a qual se inicia com a seguinte afirmação: "Nós homens do conhecimento, não nos conhecemos; de nós mesmos somos desconhecidos - e não seria sem motivo"[46]. Ressalta Nietzsche que de fato: "Nunca nos procuramos: como poderia acontecer que um dia nos encontrássemos?"[47].

Assim, quanto a nós só restam dúvidas, faltou-nos a coragem de conhecer a nós mesmos, pois os retratos que o cristianismo fez de nós foi pavoroso de sorte que a nossa consciência estava sempre agitada pela devassidão e pelo pecado. Segundo Delumeau, ao se referir a São Francisco de Sales em suas cartas nas quais desprezava o homem, "[...] nós não passamos de uma pústula do mundo, um esgoto de ingratidão e iniquidade"[48].

---

[46] NIETZSCHE, Friedrich Wilhelm. *Genealogia da moral*: uma polêmica. Tradução e posfácio: Paulo César de Souza. São Paulo: Companhia das Letras, 1998. p. 7.

[47] *Idem*.

[48] DELUMEAU, 2003, p. 12.

Mesmo que a dúvida seja a maior inimiga da fé, ainda que eu reconheça que sejamos os doadores dos significados ao mundo, os criadores dos conceitos, tenho que admitir que entre tantas invenções a que mais me fascina é a dúvida; haja vista que, enquanto a fé nos cega, a dúvida abre os nossos olhos, pois ela expressa a nossa verdadeira condição, já que pouco ou nada sabemos.

Quanto a mim, eu vos confidencio: eu sepultei as minhas certezas. Depois de alguns anos vividos, não tão claros e distintos, comecei a constatar que aquilo que julgava como falso e o verdadeiro se alternavam de tal maneira que às vezes eu tomava um pelo outro. Desse modo, uma infinidade de equívocos norteava os meus passos que circuitavam em um terreno deveras pantanoso. E, somente quando os meus pés afundavam, eu percebia o quão frágeis eram as minhas evidências.

Hoje, um tanto quanto calejado em minhas andanças, a vida me legou algumas lições. Algumas eu aprendi, todavia, ainda insisto em determinadas pegadas de outrora, movido pela ácida fé e esperança de que terei êxito adotando antigas práticas. Portanto, a mim resta reconhecer a minha ignorância. Igualmente, não há certezas, tampouco mágicas fórmulas que possam atenuar o peso e a leveza de ser. Dito de outra forma, aceitar a dúvida.

Em vista do exposto, faço uma Apologia à Dúvida:

Oh, dúvida! Fica, pois o teu adeus corta feito punhal, fere as minhas entranhas, dilacera e expõe minhas vísceras. Permaneça, pois a tua ausência faz da minha existência uma melancolia e impõe inexoravelmente a languidez. Continue, ainda que não sejas onipresente, apenas não me abandones definitivamente, pois a sua desaparição me é paralisante. Subsista, não se afaste, pois de ti brota o alimento que esteia a minha vida. Sobreviva, (im)perfeita dúvida, pois é de tua existência que irrompem as minhas instantâneas certezas. Não me abandones, pois se tu vais chegam as certezas e, por conseguinte, a sua grande companheira, a morte.

Em continuidade ao meu breve texto, admito que aceitei a ideia de que não posso condenar os meus olhos, tampouco as minhas limitações. A mim cabe reconhecer que não posso criminalizar o meu vazio, a minha falta, pois lá, o lugar onde os meus olhos não alcançam, pode estar a causa de todas as minhas miragens, as minhas vertigens que se somam ao meu ser, haja vista que em minh'alma, lá no fundo do meu ser, há também um lá, o lugar onde os meus olhos não alcançam. Dito de outro modo, tudo isso que se passa aqui tem a sua origem no lá, o lugar onde os meus olhos não alcançam.

A seguir deixo uma breve "poesia":

Lá, o lugar onde os meus olhos não alcançam...

Eis que na ausência de algo concreto, a imaginação voa.

No horizonte, a existência do infinito se faz.

No silêncio, ecoam vozes.

Na morte, o fim, pressupõe-se a eternidade.

No invisível, tudo o que não é, torna-se.

No vazio do meu coração e de minh'alma, eu te faço presente.

Na eterna falta, na ausência, dou existência às utopias.

Na fé que me apascentava eu encontrei a dúvida, uma poção que devo beber todas as vezes que as certezas se fizerem presentes, mas tanto a fé quanto a dúvida encontram-se lá, o lugar onde os meus olhos não alcançam.

## DA ARTE DE ESCULPIR A SI MESMO

Por um longo tempo, tive a doce crença, o ideal de que eu seria o escultor de mim mesmo, aquele que entalha a sua existência; e de que as matérias de tal ato seriam as minhas escolhas, as minhas decisões, os meus projetos, as minhas promessas, os meus sonhos etc.

No entanto, a minha imersão na Filosofia propiciou certas reflexões, quais sejam: em que medida posso moldar a mim mesmo? Os elementos das minhas escolhas, decisões, projetos, promessas e sonhos seriam autênticos, isto é, estariam livres de quaisquer influências? Ou o ideal de esculpir a si mesmo é um delírio, uma visão equivocada de que os componentes utilizados em tal ato dependem inteiramente de mim?

Em vista disso, escrevi algumas reflexões que entendo oportuno neste primeiro momento compartilhar com você que se encontra lendo estas páginas.

A primeira delas diz respeito às nossas escolhas. O ser humano faz escolhas a todo instante, mas para cada escolha há uma renúncia a ser feita. Ainda que as nossas escolhas tenham sido influenciadas pelas escolhas de outros, esse é um ato que compete a nós realizarmos. Segundo Sartre (1973), " o homem é condenado a ser livre. Condenado porque não se criou a si próprio; e no entanto livre, porque uma vez lançado ao mundo, é responsável por tudo o que fizer".[49] Logo, para toda escolha há uma consequência. Contudo, presumo que há escolhas que são banais, já que em tese não alterariam a nossa existência, todavia, há escolhas que impactam definitivamente o nosso ser e, em relação a essas, devemos refletir antes de fazê-las.

Neste exato instante da sua existência, você fará uma escolha que exigirá de você uma renúncia, visto que não pode escolher isto e aquilo ao mesmo tempo. Em face do que foi dito, entendo como

[49] SARTRE, J. *O existencialismo é um humanismo*. São Paulo: Nova Cultural, 1973, p. 15.

pertinente indagar: quais foram as escolhas que realizamos ao longo de nossas vidas e como elas determinaram em certa medida a trilha pela qual caminhamos hoje? Se pudéssemos voltar no tempo, quais seriam as escolhas que não teríamos realizado?

Cecília Meireles nos legou um poema que expressa a nossa natureza ou a nossa condição, como preferem alguns. A poetisa nos presenteou com o belo poema em sua clássica obra, *Ou isto ou aquilo*.

Assim, exponho o primeiro elemento que nos permite esculpir a nós mesmos: o ser humano é um ser que escolhe, portanto, considero as nossas escolhas o tecido sobre o qual (re)pousa a nossa existência.

Irremediavelmente estamos envoltos em uma teia de escolhas. Nalgumas temos a crença de que fomos o protagonista, noutras a sensação de que o nosso "livre-arbítrio" não foi assim tão imperioso. Mas devemos, sobretudo, reconhecer a nossa condição como ser que escolhe, dado que fazemos escolhas o tempo todo. Certas escolhas supomos serem triviais, pois aparentemente não produzem grandes efeitos na nossa existência, outras requerem maior hesitação, visto que podem alterar decisivamente o nosso caminho e, por suposto, a nossa trama.

Assim, enredado nessa teia de escolhas, somos semelhantes a uma aranha. Como uma grande fiandeira, por meio de nossas escolhas, lançamos os fios no espaço, por eles vamos transitando e sobre eles (re)construindo moradas.

Tais vivendas funcionam como armaduras e, mesmo que sejam provisórias, constituem-se como "fundamentos" até que um novo fio possa ser lançado. Dessa maneira, as nossas escolhas vão acoplando-se umas às outras, tornando-se uma grande teia. E na tessitura da nossa "organização", certos fios propiciam capturar algumas coisas e outros transitar na nossa própria teia e não nos "aprisionarmos".

Penso que as nossas escolhas são os nossos guias, os caminhos que tornam possível o nosso passear, os fios que podem nos direcionar para outras paisagens e, com efeito, construir novas texturas. Entretanto, faz-se necessário reconhecer que chegará o momento em que a atrofia dos nossos músculos não mais nos oportunizará lançar novos fios, fabricar novas teias.

Por tudo que foi dito, concluo: nós somos como uma aranha, a grande fiandeira, que tece no dia a dia o tecido sobre o qual (re) pousa o enredo da nossa existência, fazemos escolhas o tempo todo, mas não sabemos o que é melhor, se é isto ou aquilo.

Prosseguindo, ponho em tela o segundo elemento, as nossas decisões, que suponho permitir-nos, dadas as devidas proporções, visto que estamos inseridos em contextos em que as decisões a serem tomadas e que podem lapidar a nós mesmos já estão postas. Em consonância ao primeiro elemento, encontro-me diante de algumas questões, quais sejam: quais são as decisões que nós tomamos e quais foram as cicatrizes que permanecem em nossa alma? Vamos decidir cortar em nós mesmos de fora para dentro?

A etimologia da palavra decidir é latina e designa, literalmente, cortar de fora (*decidere*: determinar, definir; formada por DE: fora + *caedere*: cortar). Assim, decidir, definir ou determinar pode ser compreendido como cortar de fora para dentro e, em determinadas circunstâncias, a depender da decisão que se toma, corta-se profundamente, lá nas vísceras, que impiedosamente sangram.

A nossa saga está repleta de decisões, somos convidados a tomar decisões a todo momento. Algumas simples, sem dobras, outras complexas, com inúmeras dobras. Dessa maneira, quando decidimos, cortamos de fora para dentro e somente o tempo pode dizer o quão profundo foi o talho.

Às vezes, parece que a navalha atingiu apenas as camadas da superfície. Entretanto, o tempo, aquele que tudo desvela, pode mostrar as camadas que foram de algum modo atingidas. E o senhor tempo, a despeito de todos os placebos, encarregará de pôr fim às dores resultantes do ato de cortar de fora para dentro.

Nós decidimos, eis o nosso ato, um dos maiores procedimentos de toda a nossa existência, pois decidir é usar lâminas que (des)afiadamente nos esculpem, ainda que tal ato profundo, violento e lancinante seja.

No ato de moldar a nós mesmos, além de escolher, de decidir, de sonhar, de prometer, de também fazemos projetos, somos eternos arquitetos de nós mesmos. Quantos projetos fizemos e quantos faremos durante a nossa existência? E hoje, quantos projetos já elaborou? Ao elaborar projetos o tempo todo, vivemos o futuro no presente, o que pode, em algumas situações, gerar ansiedade, o mal que acomete grande parte da humanidade?

Acredito que grande parte de nós é uma torrente de projetos, alguns realizados e muitos inacabados, indeterminados e mutilados. Somos um dardo lançado no devir, no futuro, na "eternidade" do amanhã.

A noite se aproxima e vem inexoravelmente acompanhada de projetos outros, compondo os nossos pensamentos a origem e a nossa morada de todos os projetos.

O amanhecer ainda não chegou e portará, intrepidamente, uma nova profusão de projetos. E assim prossegue a existência: projetos, projetos... E quem sabe um dia nós nos encontremos ou definitivamente extravie-se, lá no horizonte, o limiar, a última fronteira como uma seta apontada para a direção do amanhã.

Em que medida seria necessária a autocrítica? Tenho uma forte suspeita do quão estúpido somos, resolvemos viver o amanhã e nos esquecemos do hoje, o que pode gerar uma profunda ansiedade. Acredito que o (in)sensato desejo de esculpir-nos, a nossa incompletude, pôs-nos nesse interminável arquitetar, à espera eterna do ser que ainda não somos, o projeto no devir. E quando nós realizamos um projeto em vez de comemorá-lo, fazemos um novo projeto, eis que somos um arquiteto a esculpir a nós mesmos por meio dos nossos esboços, os projetos que jorram incessantemente.

Eis que eu também sou um ser que faz promessas e, ao refletir sobre as minhas promessas, encontro-me em um profundo dilema: eu prometo!? Não, eu não prometo! As Promessas, o meu cárcere...

As promessas são penhoras que lançamos no devir, prisões, juras que se dilatam no tempo e se inclinam a comparecer intermitentemente para apoquentar a nossa alma. Uma vez que são vociferadas e não cumpridas, nós, que a elas damos vida, corremos o risco de perder a credibilidade, o valor que ata as relações humanas.

Há promessas que dizem respeito aos atos, que são as "voluntárias", e a conduta deverá no futuro efetivá-las. Entretanto, exige-se daquele que as faz o comprometimento e, por isso, tece-se uma espécie de rede que passa a orientar a existência, dá-se a ele um cárcere.

Todavia, há outro gênero de promessas que são as mais estúpidas, pois as fazemos em um momento de profunda sensibilidade, o momento em que o corpo arde e a alma ata-se a ele, em uma fusão que parece ligar-se ao pulsar cósmico, n(o) ápice da paixão. Reporto-me às juras dos sentimentos, que, ao contrário das ações, são involuntárias e, com efeito, as mais difíceis de se sujeitarem.

Assim, eis-nos prisioneiros de promessas sejam voluntárias ou "involuntárias". Quanta imbecilidade enredar-se nas suas próprias teias, as promessas. Mas, ao que parece, há quem delas precise, pois, a efemeridade da vida torna-se um fardo e as promessas um alento, o narcótico que permite escorar, suster o próximo instante da imprevisibilidade da vida.

Há um sábio e libertador preceito nietzschiano que diz: "Quem promete a alguém amá-lo sempre, ou sempre odiá-lo ou ser-lhes sempre fiel, promete algo que não está em seu poder"[50].

Pelo exposto, tenho a seguinte sugestão: vamos tornar mais leve a nossa existência, evitar ao máximo as promessas, principalmente as involuntárias, as que dizem respeito aos afetos. Assim, evitar-se-á os diques, as represas, os obstáculos ao que há de mais nobre no humano, a sua soberania, a sua autonomia. Dito de outro modo, vamos ao encontro da liberdade, a liberdade de nada prometer.

Além disso, há um outro componente que está presente no ato de modelar-nos: os nossos sonhos. Ah, guardamos em nós tantos sonhos, a matéria-prima do nosso ser! Desde a nossa infância, fomos iniciados na arte de sonhar. Os nossos devaneios sempre alçaram os mais altos voos. De minha parte eu confesso: bem sei

[50] NIETZSCHE, 2007a, aforismo 58, p. 56.

quantas vezes quedei na dura realidade, mas apesar das quedas eu continuo sonhando.

Já dizia Mário Quintana: "Sonhar é acordar para dentro... É o jogo atroz do Tudo ou Nada[51]". Assim, o sonho é o alimento que nos deixa acordado para dentro, mesmo que às vezes estejamos entorpecidos por fora, somando-se a isso a possibilidade do Tudo e do Nada. Apesar de todas as intempéries, continuaremos sonhando e guardando em nós tantos sonhos.

Se me permite, em tom confessional, mesmo que eu reconheça que há uma parte de mim que insiste em sonhar e outra que impiedosamente me acorda, deixo o meu convite: dê-me as tuas mãos e vamos juntos fazer essa caminhada, o caminho da felicidade, a estrada dos sonhos. Dito de outro modo, vamos esculpir a nós mesmos!

Eis que a nossa longa e doce crença de que seríamos os escultores de nós mesmos, aqueles que entalham as suas existências, e de que as matérias de tal ato seriam as nossas escolhas, as nossas decisões, os nossos projetos, os nossos sonhos, já não nos é suficiente, dado que escolher, decidir, projetar, prometer, sonhar é uma pequena fração daquilo que fomos, somos e nos tornaremos.

De fato, eu sou páginas, algumas límpidas, outras deveras desbotadas. Além de esculpir a mim mesmo, resolvi tentar compreender quem eu sou, optei por uma tarefa que, apesar de instigante, reconheço o quão difícil é: a leitura de mim mesmo. Assim eu o invito: "*Nosce te ipsum*", Lê-te a ti mesmo.[52]

Quanto a mim, eu confidencio, nas linhas subsequentes, que, definitivamente, não sei o que há escrito nas primeiras folhas da minha existência. A minha memória jamais poderá reencontrá-la, eis a minha condição, o eu de outrora encontra-se perdido. Entretanto, existem páginas que compõem o que sou, laudas embaçadas, de que posso de modo parcial acessar algumas linhas, os lampejos de minha pretérita biografia.

---

[51] Disponível em: https://www.oexplorador.com.br/sonhar-e-acordar-se-para-dentro-mario-quintana-1906-1994-poeta-jornalista-tradutor-e-super-amado-pelos -grandes-amigos-da-literatura-ja-chegou--a-ser-considerado-um-dos-maiores/. Acesso em 12. mar. 2023.

[52] HOBBES, p. 27.

Há dias que algumas lembranças comparecem e me convidam a mergulhar nas páginas vividas e nem sempre tão claras, mas que põem em relevo longínquas sensações: algumas doces, outras mágicas e determinadas que evito reler, pois me remetem às angústias... Melhor esquecê-las!

Eu sou uma obra inacabada, uma história escrita por mim e mediada pelas relações que vivenciei. Hoje, após refletir sobre a tessitura do meu ser, a construção de minha subjetividade, encontro-me imerso em uma grande empreita, o autoconhecimento.

Assim eu me considero: eu sou uma multidão de memórias. Algumas recentes, outras tão antigas e desbotadas, mas encontro-me à espera de mais sensações que entalhem em mim outros vestígios e moldem, ainda que indefinidamente, aquilo que sou.

Por tudo que foi pronunciado, e cônscio de todas as dificuldades, admito que assim sou: sinto-me tomado por um profundo desejo, uma missão impossível, que, porém, julgo como necessária, uma espécie de regressão que me permite reconhecer como foi a arte de esculpir a mim mesmo, que se traduz na seguinte máxima: Leia a si mesmo, pois em tuas páginas encontrarás teu ser, a tua história, como se esculpiu e foi esculpido.

# PÊNDULO EXISTENCIAL: A FICÇÃO DO TEMPO IDEAL DAS TELAS DEFRONTE AO MUNDO REAL

Em virtude do tema proposto, julguei necessário fazer alguns esclarecimentos. O primeiro deles diz respeito ao pêndulo existencial. Por pêndulo existencial compreendo a condição humana regulada por um marcador do tempo, que oscila de um lado para outro, conforme a vontade de uma "mão invisível", de um tirano, de uma máquina que tem vida própria, pois nós, no ato regular de nossa existência, damos a ela autonomia.

O segundo ponto diz respeito à ficção do tempo, a maneira de mensurar a nossa existência, bem como os nossos afazeres, que estão à mostra nas telas que nos acompanham o tempo todo, uma espécie de manual e revista de celebridades que não se coadunam com o nosso mundo real. Todavia, reconheço, apesar de separá-los para a melhor compreensão, o pêndulo existencial: a ficção do tempo ideal das telas defronte ao mundo real está interconectada.

Isto posto, ressalto que, nas linhas que estampam estas páginas, podemos depreender que há uma oposição à ideia anteriormente exposta nas páginas antecedentes, que tinha como título: "Da arte de esculpir a si mesmo". Entretanto, a ideia do pêndulo existencial: a ficção do tempo ideal das telas defronte ao mundo real, faz-nos refletir o quão complexa é a questão, dado que agora, no ato de esculpir a nós mesmos, temos uma ideia que delimita de forma ainda mais restrita tal arte.

Em virtude disso, retomo as ideias expostas no texto anterior, da arte de esculpir a si mesmo, e ressalto que as nossas escolhas, que em tese moldariam o nosso ser, não se realizam sem influências, uma vez que grande parte delas já estão postas e a crença no "livre-arbítrio" nos faz pensar que, por meio das nossas escolhas, que consideramos serem inteiramente livres, moldamos aquilo que somos. Acrescenta-se o ideal de que as nossas escolhas já estavam predeterminadas.

É possível imaginar que o mesmo ocorra com as nossas decisões, visto que assim como nos encontramos dentro de uma teia de escolhas, do mesmo modo estamos enredados por decisões que se moldam umas às outras. Pode-se imaginar, igualmente, que o mesmo se passa com os nossos projetos e com as nossas promessas e sonhos.

Imersos nas telas, os nossos "oráculos diários", a nossa vida espelhar, resta saber em que medida podemos escapar da ficção do tempo, do universo virtual e do mundo ideal em face ao mundo real, que habita aqui, pulsa neste exato momento, e do poder que exerce sobre nós.

A ficção do tempo ideal, do mundo virtual ou do mundo ideal pintado nas telas sobre as quais os nossos dedos deslizam freneticamente podem contribuir sobremaneira como um tirano que coordena irreparavelmente a nossa existência e, portanto, não pode ser menosprezado; já que se tornou o pêndulo existencial, aquele que oscila e simultaneamente nos governa — muito embora tal condição para alguns não seja percebida, dado que consideram tais ficções como partes de si mesmos, como se fossem a sua primeira pele e, a depender da ausência das benditas ficções, podem ter a sensação de que lhes resta somente o seu esqueleto.

Inevitavelmente, quando nascemos encontramos um mundo pronto, estruturado de crenças, normas, valores, interdições, isto é, um roteiro prévio dos papéis que deveremos desempenhar. Portanto, é possível compreender que há uma morada construída pelos nossos ancestrais, que foi passada de geração a geração, todavia, tal condição não implica que tal vivenda seja estática.

Assim, quando pensamos sobre um mundo pronto, estruturado de crenças, normas, valores e interdições, temos a noção, ou se espera que a tenhamos, de que tal mundo estruturado não pode ser compreendido como um mundo em plena evolução, já que, em relação a esse mundo "pronto", que não é estático, temos avanços e retrocessos — especialmente no que concerne às crenças, normas, valores, interdições e ao modo como reagimos a elas, bem como às respostas dadas às inquietudes humanas que emergem nesse contexto.

Talvez poderíamos, em certa proporção, falar de evolução, considerando que, à medida que desenvolvemos e ampliamos, por intermédio da ciência e da tecnologia, expandimos e aprimoramos o nosso conhecimento, o que possibilita a alguns ter uma melhor qualidade de vida.

Por outro lado, os objetos da cultura, os frutos do desenvolvimento científico, podem alterar as crenças, normas, valores e interdições; já que, nessa relação entre homem e natureza, o homem retira da natureza aquilo que julga necessário e a altera à sua maneira de viver. Todavia, nessa relação não só homem altera a natureza, mas a natureza altera a si mesma e ao homem em um processo que não cessa e de que não sabemos o resultado.

Acrescenta-se que, com tais "progressos", crescem exponencialmente as nossas "necessidades", engrandecem as nossas faltas, já que antecipam sorrateiramente as nossas necessidades e muitas das vezes nos sentimos coagidos a ter determinados objetos com vistas a pertencer a determinados grupos.

Ao que parece, há sempre uma falta em nós e no mundo em que somos comandados por um pêndulo, uma ficção do tempo em face do ideal das telas — as angústias tendem a agudizar tal falta.

No entanto, hoje, ao que parece, os objetos são moldados tanto para suprir uma carência que se torna uma "necessidade" como para antecipar, isto é, compelir uma insuficiência ou uma "necessidade" futura, que se não satisfeita leva-nos à ansiedade, ao risco de um eclipse futuro.

Há uma situação que a mim causa uma perplexidade. Refiro-me ao exemplo das redes sociais, que em tese, como objeto da cultura, deveriam atenuar a falta que se manifesta. Entretanto, o efeito é contrário, uma vez que tende a prolongá-la, dado que lá habita o mundo da felicidade, o espaço onde mostramos o melhor de nós e encontramos o melhor dos outros, uma "verdadeira" ilha da fantasia.

Assim, envoltos nesse mundo de faz de conta em que nós somos felizes, em que nós somos bonitos, vestimos roupas de grife, frequentamos os mais belos lugares etc., somos iludidos com a crença de que, com mais um deslizar de dedos, encontraremos o êxtase nas telas com a amarga e desgraçada crença de que um espetáculo, ainda que momentaneamente, aplacará o vazio que habita o nosso ser.

Isso ocorre de modo que em vez de viver determinados estados, fazemos parecer que estamos vivendo. São caras, bocas, risos, faces que fazem de nós personagens de uma ficção, um ideal que, na maioria das vezes, não condiz com a realidade mostrada nas redes sociais. São os dedos que deslizam sobre as minhas, as suas, as nossas mentiras, pois na verdade estamos entediados e queremos parecer portadores de um profundo e interminável contentamento.

Aqui nestas telas várias faces passeiam. Ao abrir essa grande revista, nós vemos rostos, perfis, que nos encantam e nos remetem à ideia de que a existência é um grande deleite. A impressão é a de que um grande espetáculo se anuncia e que novas cenas estão porvir, novas janelas deverão se abrir.

Às vezes algumas imagens são revisitadas por nós diversas vezes, pois somos tomados, ainda que inconscientemente, pelo seguinte preceito: "uma imagem vale mais que mil palavras". Entretanto, longe da ingenuidade, alguns sabem que, antes de todo espetáculo, existem os bastidores. A questão que se impõe é: o que se passa nos bastidores da minha, da sua, isto é, da nossa multifacetada existência?

Irremediavelmente, encontramo-nos imersos em um mundo de imagens e sons, seduzidos por uma estética, a estética do belo volátil e líquido, somos embriagados por um instante pela ideia de uma vida fluida em um mundo paralelo, que em verdade não se coaduna com a nossa existência de fato. Eis-nos aprisionados em um pêndulo existencial, uma ficção, um ideal.

Ainda que a nossa existência real se contraponha à sua manifestação no mundo virtual ou mundo ideal, dado que o mundo real não caberia em uma tela e os nossos trêmulos dedos não poderiam tocá-la, alimentamo-nos e retroalimentamos a nossa existência virtual. Ao que parece, trocamos o mundo real pelo virtual, estamos em uma teia de telas.

Assim, somos entorpecidos e compelidos por um mundo paralelo, o que faz esquecer quem de fato somos e que os espetáculos são as ficções do outro e que tais ficções não suprem a nossa falta e nos incitam a criar mais ficções de nós mesmos, de sorte que, se retirarem da nossa frente as telas pelas quais os nossos dedos deslizam, alguns parecem que não suportarão os próximos minutos, dado que serão tomados pela crise da abstinência, tamanha é a sua falta.

Para poucas pessoas tais criações são malditas e para a grande parte, benditas. O que se esperava era que permitisse a aproximação humana. Sim, aproximamos! Mas qual é qualidade de tais aproximações? Como elas refletem no meu modo de ser? Para o mundo econômico os benefícios são inegáveis, mas para o mundo humano?

Segundo o sociólogo francês Dominique Wolton, as redes permitiram tornar o longe próximo e o próximo distante, o visível invisível e o invisível visível, "[...] quanto mais há transparência, mais há rumores e segredos"[53]. Assim mostramos o nosso melhor, a melhor imagem que tais tecnologias permite pintar, retratos perfeitos de momentos sublimes. Por outro lado, escondemos aquilo que não gostaríamos que os outros vissem: as nossas inquietudes, as nossas incertezas, a nossa ansiedade, as nossas tristezas etc. Em suma, criamos um avatar perfeito de nós mesmos.

Em nome do dogma da felicidade individual e coletiva, que requer estar plugado e multiconectado, há, do outro lado da tela, aqueles que nos veem e buscam reproduzir algo semelhante de si, o que engendra uma competição de avatares do belo e do sublime, em um jogo que parece não ter fim, o que na maioria das vezes gera uma grande insatisfação, pois queremos sempre parecer imaculados, primorosos.

---

[53] WOLTON, Dominique. *Internet e depois?* Uma crítica das novas mídias. Porto Alegre: Sulina, 2007. p. 106.

Eis-nos prisioneiros de um narcótico que nos dá a falsa impressão de que podemos mascarar o que dentro está, a falta, o vazio que os nossos dedos que tocam nessas telas não são capazes de suprir, visto que é um mundo virtual ideal que nos impele sempre a querer deslizar mais na superfície, talvez para não mergulharmos em nós mesmos, e, com efeito, a participar desse pálido espetáculo, o espetáculo da perfeição, da simulação, a ficção virtual em face ao mundo real do qual cada um de nós somos partícipes.

Soma-se a tudo isso o fato de estarmos sob o império de um marcador de tempo — o grande senhor — que se materializa em nossos pulsos, na tela dos nossos celulares, nos totens espalhados pela cidade, em todos os espaços que ocupamos. Mais uma de nossas ficções, que idealisticamente medem cada pulsar, que nos coagem a nos movermos no mundo real conforme a sua vibração, o seu movimento.

A impressão é a de que tal pêndulo, um marcador de tempo, que rege os nossos afazeres, é um tirano que tudo coordena. Assim, somos coagidos por esse pêndulo existencial — uma ficção do tempo em face do ideal das telas —, um déspota do tempo que nos faz gravitar conforme os seus designíos, de modo que lá fora, pelas frestas da janela, eu vejo corpos, máquinas, barulhos e cada um grudado em sua tela etc. Tenho a impressão de que todos estão em um frenético balé, cuja "harmonia" é obra de um ser que tem vida própria, o marcador do tempo, pois o alimentamos com os nossos reiterados hábitos — para ser redundante — o tempo todo.

Podemos inferir que o tempo de nossa existência, o nosso mais valioso bem, foi apartado de nós, apropriado por déspotas de toda ordem que coagem até as nossas necessidades psicológicas, biológicas e fisiológicas.

Assim, a nossa existência, que antes fluía ao sabor do vento, das estações, do céu estrelado, é agora medida por um pêndulo que diz o valor que ela tem. Quanta brutalidade à vida, que agora é mensurada e coagida por um pêndulo que diz saber a medida e o valor daquilo que não pode ser tangível, isto é, medido matematicamente, como um conta-gotas.

Há uma questão que julgo importante: o que realmente é essencial se, por mais que você se esforce, perceberá que no final nada disso importa? Por outro lado, aconselho que não deixe que uma simples tela, um pêndulo, um vil metal, fruto da invenção humana, assim como tantas outras ficções, diga a você o ritmo e o modo como deve ser a sua existência.

Quanto a mim, eu manifesto a minha sensação de impotência diante de tudo isso, visto que despertou em mim um sentimento de que não sou deste mundo, sou um estrangeiro neste grão de areia cósmica. Assim, nasceu em mim desejo de navegar, de maneira que os meus olhos seguem as luzes, os faróis, o limiar, a magnitude do Universo, à busca de um porto para momentaneamente me atracar. Embebido por tal volúpia, o desejo de navegar, lá no além, no horizonte, há uma voz que grita intermitentemente, que fica a me acenar com um eterno convite para velejar pelo cosmos, descobrir novas fronteiras, novos mundos para contemplar.

Pressinto que a minha alma precisa no horizonte perder e se encontrar, visto que move em mim o desejo de navegar, do mesmo modo, o anseio de naufragar. Dito de outra maneira, o desejo de me encontrar e o desejo de me perder, como Nietzsche dizia: "Um viaja porque está se buscando; e outro, porque gostaria de se perder"[54].

Na esperança de encontrar outros lugares, deitado no chão em uma noite estrelada, olho atentamente para as estrelas na busca de um lugar onde eu possa viver desamparadamente o meu ideal: navegar é necessário e viver é navegar.

Segundo relatos históricos, foi no século I a.C. que o general romano Pompeu, para encorajar os seus marinheiros, fez o uso da seguinte frase: "*Navigare necessse, vivere non est necesse*". Foi o poeta italiano Petrarca que, no século XIV, transformou a expressão para navegar é preciso, viver não é preciso.

Conforme as considerações do parágrafo acima, além de Pompeu e Petrarca, temos a ocorrência dessa frase em Fernando Pessoa — "navegar é preciso, viver não é preciso". Pelo exposto,

[54] NIETZSCHE, 2004b, p. 81.

o sentido original da frase seria navegar é necessário, viver não é necessário.

Assim, em face da ficção do tempo e do ideal das telas, resolvi parafrasear Pompeu: navegar livremente é necessário, no entanto, ser coagido a navegar caminhos predeterminados não é necessário.

Por mais que tentemos não ser coagidos, tenho a impressão de que a nossa existência parece ter como marcas uma austeridade que visa, sobretudo, a normalizar e a normatizar o modo como nos comportamos. Assim, foram entoadas em nossas almas algumas ideias: isto é urgente, rápido, não podemos esperar, faça o melhor, seja o melhor, não chore, sorria, seja positivo, seja grato, esteja sempre feliz etc.

Hoje reconheço que essas máximas, ou imperativos, devem ser elásticas, flexíveis. Caso contrário, estarei fadado à falsa e doce crença: A ilusória ideia de que deveremos ter controle sobre nossas vidas.

Pelo exposto, resolvi adotar como preceito a elasticidade, haja vista que todas as vezes que tento seguir de modo cego e irrefletido tais imperativos, anteriormente expostos, tenho a dolorosa sensação de que me tornei prisioneiro de mim mesmo.

Abaixo, deixo um breve convite, seguido de algumas reflexões, quais sejam: i) como o tempo nos escraviza; e ii) telas e teias.

Em primeiro lugar, constato que, ao longo de nossa existência, houve um imperativo que a orientou: existe um tempo apropriado para tudo. Tal máxima tornou-se um mantra que se expressou do seguinte modo: o tempo se encarrega de tudo, ele sabe o que faz.

Agora, governado por tal ideia de que o tempo tudo urde, me sinto algumas vezes à espera dessas dádivas advindas da ideia do exato momento e que se traduzem em ideias ou ideais, tais como: existe o tempo de esperar, dizer, sorrir, chorar, plantar, colher, amar.

Pergunto: existe um tempo para viver? Qual é o tempo de viver? Ou se vive precisamente na busca do tempo exato para que a vida possa, de forma sábia, encontrar o tempo apropriado para se revelar, desenhar, ser? Honestamente, há momentos que gostaria de expurgar da minh'alma todas as máximas que imperam dizendo a maneira mais apropriada para o agir. Dito de outro modo, muito me prezaria libertar-me do tempo, dizer "não" aos seus imperativos e criar outras ordens para existência.

Em segundo lugar, tenho a nítida clareza de que as telas se tornaram as nossas teias. Não quero ser saudosista, nem nostálgico, mas não há como me esquecer dos tempos de outrora. Tempos em que tocávamos as pessoas, em que dialogávamos olhando nos olhos, sentíamos o cheiro dos corpos, a respiração etc. O humano se fazia presente.

Hoje nos deparamos com uma tela repleta de imagens tão perfeitas que parecem peças de um museu de cera. E a cada toque e deslizar dos dedos, as imagens se movem, e, à medida que se movem, agudiza-se o sentimento da falta, do vazio, do humano. Desse modo, as telas tornaram-se as nossas teias, uma espécie de prisão, em que as imagens aparecem intermitentemente e deixam a amarga sensação, a ausência do humano.

Saia da tela, da teia! Faça-se humano, pois eu que aqui apareço nesta tela não sou uma estátua de cera, continuo sendo mais um humano que se encontra exposto e, mesmo que inconscientemente, à busca do que há de mais precioso, a humanidade.

## HÁ UMA FINALIDADE, UM SENTIDO PARA A EXISTÊNCIA?

De minha parte reconheço o quão embaraçoso é responder às questões acima, pois grande parte das pessoas já tem uma concepção ou resposta baseada em suas crenças, o que não implica que a minha seja a verdadeira ou a falsa, dado que resolvi abordá-la a partir de uma outra perspectiva ou concepção. Cada povo tem a cultura que lhe é própria, isto é, cada povo tem as suas concepções, perspectivas, crenças, costumes etc. Portanto, não há como dizer que uma é verdadeira e a outra é falsa, pois são culturas cada qual com as suas concepções, perspectivas, crenças, costumes etc. Desse modo, diante da diversidade cultural, as virtudes são o respeito e a tolerância.

Inevitavelmente a cada pensamento que vem à minha mente, a cada linha que escrevo, há outras questões que emergem, quais sejam: há uma finalidade para a existência? Se tem algum sentido, ele a transcende? Ou se há, esgota-se no momento em que se existe? A vida, a existência é um bem?

Somos em grande parte herdeiros da cultura greco-romana e mais especificamente da cultura cristã que despreza em certa medida o homem e o mundo. Segundo Delumeau, em uma referência a uma passagem da Ilíada citada por Plutarco: "Nada é mais miserável do que o homem entre tudo que respira e se move"[55].

Segundo Platão, para que a nossa alma tivesse um bom destino após a morte, deveríamos "[...] ignorar os prazeres e ornamentos de corpo, participar da virtude e sabedoria ao longo da vida"[56]. Assim, haveria a libertação do corpo, visto que esse só produz sentimentos estranhos e, por conseguinte, deveríamos desprezar as coisas aqui existentes e buscar uma vida virtuosa e sensata elevando-se àquilo que é valorizado pelos deuses.

---

[55] DELUMEAU, 2003, p. 10.

[56] PLATÃO. *Fédon ou da alma*. Tradução de Edson Bini. Bauru, SP: Edipro, 2008. p. 249.

Segundo Montaigne, "Platão receia que atentemos demasiado para a dor e a volúpia, o que a seu ver tornaria a alma dependente em excesso do corpo"[57]. O desprezo pelo corpo e a ideia de que a alma deveria ser hegemônica em relação ao corpo, dada a sua imortalidade — uma vez que o corpo está sujeito aos instintos vitais: o sexo, a comida, a bebida etc. —, marcam profundamente a nossa visão acerca do corpo e da alma.

Como contraponto a esse desprezo pelo homem e seus instintos vitais, bem como pela vida terrena, temos a seguinte ideia em Nietzsche,

> [...] não se deve ataviar e embelezar o cristianismo", tendo em vista que ele travou uma guerra contra o que Nietzsche denomina de tipo elevado de homem, proscreveu todos os seus instintos fundamentais, destilou desses instintos o mal, o homem mau — o ser forte como o tipicamente reprovável, o "réprobo".[58]

Prossegue Nietzsche, "[...] que o cristianismo tomou partido de tudo que é fraco, baixo malogrado e transformou em ideal aquilo que contraria os instintos de conservação da vida forte"[59]. Acrescenta-se a essa perspectiva, no aforismo 30, "[...] um ódio instintivo à realidade corpórea [...]"[60], aos prazeres do corpo, ao mundo terreno e enaltecimento da alma como superior ao corpo.

Assim, principia-se no mundo greco-romano e consolida-se no cristianismo uma relação de poder a partir da separação entre corpo e alma e, por conseguinte, a superioridade da alma em relação ao corpo; já que a alma, a depender da forma como for conduzida, terá, após a morte do corpo, dado que ela representa a sua hegemonia em relação ao corpo, a possibilidade de morar no reino de Deus.

---

[57] MONTAIGNE, Michel. O bem e o mal só o são as mais das vezes, pela ideia que temos deles. *In*: MONTAIGNE, Michel. *Ensaios*. Tradução de Sérgio Milliet. São Paulo: Nova Cultural, 1996a. v. 1, cap. 14, p. 74.

[58] NIETZSCHE, Friedrich Wilhelm. *O anticristo*: maldição ao cristianismo; Ditirambos de Dionísio. Tradução e posfácio: Paulo César de Souza. São Paulo: Companhia das Letras, 2007b. Aforismo 5, p. 12.

[59] *Idem*.

[60] *Ibidem*, aforismo 30, p. 36.

Apesar disso, Nietzsche afirma que: "A crença no corpo é mais fundamental do que a crença na alma: essa última nasceu das aporias da visão não científica do corpo (algo que o abandona. Crença na verdade do sonho)"[61]. Podemos inferir que quanto mais conhecemos o corpo, menos mistérios tem a alma. Para alguns, à medida que a neurociência avança, vamos desvendando o modo como funciona a nossa mente e a ideia de alma começa a perder relevância.

Segundo Montaigne,

> Platão observa que o ateísmo não se sustenta facilmente ante uma inquietação iminente e que a inquietação não demora em despertar o medo dos deuses. Um cristão declara Montaigne, não se deveria conduzir assim. Isso diz respeito apenas as religiões criadas pelo homem.[62]

Pelo exposto, compreendo que o cristianismo caminha no mesmo sentido do que pensava Platão, exceto que se opõe ao politeísmo, visto que ignora e despreza as diversas religiões criadas pelos homens, pois, conforme a crença cristã, só há um Deus, o Deus de um povo, o Deus de Israel, o pai de Cristo, o único que salva.

O Deus cristão tem pátria e o povo escolhido que, somados à pretensão de expansão do Império Romano, tinha por objetivo levar o seu credo a todos os povos. Em Mateus 24, 14, temos: "E este evangelho do reino será pregado em todo o mundo, em testemunho em todas as nações e então virá o fim".

Não vejo como importante questionar ou não a existência de Mateus. Todavia, as suas palavras, acredito, jamais se cumprirão e, com efeito, o que ele entende por fim não virá. O mundo é plural, somente 33% da população mundial é cristã. A diversidade cultural e religiosa despojou Deus de uma pátria ou de uma nação.

Cada pátria, cada nação cultua o seu Deus e o respeito à diversidade religiosa é necessário, pois ele indica o nível de humanização

---

61 NIETZSCHE, 2002, p. 64.

62 WEILLER, Maurice. *Montaigne e o cristianismo*. São Paulo: Editora Globo, 1961. v. 3, p. 36. (Col. Montaigne).

de uma civilização. Geralmente a intolerância à diversidade cultural contribui para a formação de Estados bárbaros e teocráticos, ao passo que a tolerância contribui para existência de Estados democráticos. Atualmente, causa-me espanto o aumento expressivo da intolerância religiosa no Brasil, em especial às religiões de matrizes africanas.

O quão interessante seria termos outras perspectivas acerca do sentido da vida? Como seria impressionante se pudéssemos viajar pelo mundo para conhecer todas as mitologias e ampliarmos a nossa visão dos deuses e dos homens e não circunscrever a ideia de Deus apenas a um povo e a um dito livro sagrado?

Diante dessa impossibilidade de viajar e vivenciar presencialmente por um longo tempo as diversas abordagens da vida em diversas culturas, ficamos presos em nossas bolhas. O outro caminho seria a leitura acerca das diversas culturas. Assim, a ausência de contato com a diversidade cultural e da mente aberta às novas concepções nos impedem de aceitar o diferente e contribui para intolerância.

A constituição do sentido da vida para mim foi marcada pela teleologia ou finalidade nas primeiras fases da minha educação, pois me fizeram crer que haveria uma finalidade, um sentido e que esse se passava com tudo que existe, pois tudo teria uma razão de ser, isso era um dado sobre o qual não se questionava.

Enquanto ser pensante, dotado de uma capacidade reflexiva, grande parte dos seres humanos elucubra desde os primórdios sobre uma razão, uma finalidade para a sua existência, pois se julga superior aos demais seres, portanto, ter um sentido e uma finalidade para a existência humana seria imprescindível, dada a sua superioridade.

Assim, ao que parece, tivemos e temos uma existência espelhar — ou melhor, narcísica —, isto é, inteiramente reflexiva e refletiva, pintamos Deus à nossa imagem e semelhança, fizemos essa obra com o aumento exponencial das maiores qualidades que julgávamos que deveríamos ter. Dito de outro modo, foi o nosso desejo de ser Deus que nos fez inventá-lo.

Posteriormente, invertemos a nossa pintura, o nosso autorretrato, e dizemos que éramos a imagem e semelhança de Deus e passamos a reconhecer a sua superioridade sobre nós. Como isso não era suficiente, o fato de sermos a imagem e semelhança de Deus nos permitiu concluir que no mundo terreno éramos superiores a tudo que existia e, portanto, dotados de uma nobreza transcendental. Assim, a criação de um Deus superior à nossa imagem e semelhança nos outorgava determinados poderes e benesses.

Nessa toada, julgamos que somos a coroação de toda a criação, o que há de mais sublime no Universo. Essa forma de pensar coaduna-se com a máxima: "Somos a imagem e semelhança de Deus". Assim, embebedados em tal preceito, advogamos ideias e ideais que sempre nos colocam no centro, supomos sermos conhecedores da vontade de nosso criador e, quando não compreendemos determinados eventos — para dar continuidade à nossa embriaguez, pois a sobriedade poderia ser ameaçadora —, adotamos como explicação a ideia de que Deus sabe o que faz, de que realizou a sua vontade e, nesse caso, somos incapazes de compreendê-lo, pois dizemos que o tempo de Deus não é o tempo dos homens.

Assim sendo, aqueles que dizem ter encontrado um sentido, segundo Nietzsche,

> Os fiéis às convicções – Quem tem muito o que fazer mantém quase inalterados seus pontos de vista e opiniões gerais. Igualmente aquele que trabalha a serviço de uma ideia: nunca mais examina a ideia mesma, já não tem tempo para isso; e vai de encontro ao seu interesse considerá-la sequer discutível.[63]

Desse modo, como forma de evitar e pôr fim a qualquer questionamento, encontramos, na *Carta de Paulo aos Coríntios*, 1:17, após desqualificar os sábios, os eruditos, a seguinte ideia: "[...] disse que de fato Deus mostrou a sua sabedoria, o mundo não reconheceu Deus através da sabedoria. Por isso através da loucura que pregamos, Deus quis salvar os homens". Como encontramos diversas traduções da bíblia em grande parte ouvimos como forma de encerrar qualquer discussão o seguinte mantra: A sabedoria de Deus é loucura para os homens".

[63] NIETZSCHE, 2007a, aforismo 511, p. 242.

O grande paradoxo é a constatação de um desprezo pelo conhecimento humano, pois esse se constitui como uma ameaça para os homens de convicção, que defendem uma sabedoria divina que é loucura para os homens. O absurdo se dá pelo fato de tais homens, os homens de convicção, viverem às custas desse conhecimento. Ou melhor, negam a ciência e fazem uso dela o tempo todo e, como se isso somente não bastasse, criticam os homens que entregam as suas vidas em busca de conhecimento para salvar vidas.

Apesar de todas as contradições, os homens de convicções prosseguem com a sua sentença de que a fé em um ser supremo não deverá ser discutida, já que a existência de Deus é um dado inquestionável, de maneira que, enquanto seres que refletem, por vezes somos advertidos pelos fiéis às convicções de que o próprio ato de refletir deve ter limites — a razão é loucura para Deus —, haja vista que todo e qualquer questionamento mais profundo se constitui como uma ameaça às suas convicções.

Aqueles que se atrevem a ir mais além, segundo Nietzsche, "[...] pessoas que compreendem algo em toda a sua profundeza raramente lhe permanecem fiéis para sempre. Elas justamente levaram luz à profundeza: então há muito coisa ruim para ver"[64].

Penso que a nossa hermenêutica sofre de um mal, pois o ato de refletir, de espelhar, não deveria, mas permite a nós — os seres capazes de pensar — uma interpretação extremamente egocêntrica, narcísica e, portanto, equivocada. Igualmente, a ausência de uma finalidade, de um sentido que transcenda a vivência, não anula o valor dessa. Segundo Nietzsche: "A irracionalidade de uma coisa não é um argumento contra a sua existência, mas sim uma condição para ela"[65].

Reconheço que, ao longo de nossa breve história, muitos se debruçaram sobre a hercúlea tarefa de encontrar um sentido para a nossa efêmera e grandiosa odisseia, a aventura de existir.

Alguns aderiram às ideias mágicas, pintadas na infância da existência humana e com as suas tintas e no decorrer da nossa história.

[64] NIETZSCHE, 2007a, aforismo 489, p. 239.

[65] *Ibidem*, aforismo 515, p. 243.

Tornou-se perceptível, na história recente, que, em grande parte das vezes, pincelaram as cores que julgavam mais apropriadas. Hoje as entoam nos templos, nas praças, nas ruas, onde existam ouvidos e olhos à disposição de suas odes. Esses dizem serem os portadores da palavra, daquela que mostra o único caminho e, com efeito, o sublime sentido da existência, a sua finalidade, a sua transcendência e seu único e maior bem, a salvação.

Entretanto, há uma pequena parte dos humanos que ousara esculpir a si mesmos, haja vista que para esses era imprescindível talhar a si próprios. Assim, na ausência de sentido para a sua existência, tomaram em suas próprias mãos as ferramentas que são necessárias à impiedosa e dolorosa arte de forjarem a si próprios, visto que tamanha foi a inquietude vivenciada por esses; já que a eles, conforme as Sagradas Escrituras, não foi dada a permissão para que pudessem ser os seus próprios escultores. Ousados homens que não se subverteram a uma ordem de uma mitologia arcaica contradita com o conhecimento científico, o conhecimento empírico e contra a sua própria natureza.

Tais ousados homens, diante das dores e prazeres inerentes à existência, adotaram como imperativo a grande máxima, a mais autêntica das artes, que prazerosa e dolorosamente se impõe: faça-te a ti mesmo!

Retomo as questões acima: como temos conduzido a nossa breve existência? Qual é o sentido que temos dado à nossa existência?

A complexidade da vida moderna nos põe a circuitar em uma série quase infinita de dobras, de maneira que se faz imperativo o sentimento da urgência, haja vista que as relações em nossas vidas multifacetadas e os papéis que desempenhamos no teatro que se apresenta com o descortinar ininterrupto do fazer diário têm a ligeirice como preceito.

Eis-nos imersos no mundo do urgente, pois tudo carrega em si essa natureza ou condição, tudo é inadiável, dado que urge o mundo e a fluidez é a sua grande marca que nos põe em um movimento frenético, com vistas à manutenção da "ordem" em face do caótico que se institui a nós mesmos.

Nessa toada, silenciamos as nossas inquietudes e, quando elas se tornam muito prementes, as medicalizamos. Ao que parece, o "Hipócrates contemporâneo" (o pai da Medicina, Hipócrates, 460-370 a.C.), também se inseriu nessa nova ordem, esqueceu-se que a natureza psíquica e corpórea não se adéqua à forma como desenhamos o projeto da dita vida moderna. Em vez de nos alertar para a insanidade do estilo de vida a que somos sujeitados, resolve prescrever fórmulas que nos permitam abrandar os próximos minutos de nossa existência e possibilitar que possamos dar continuidade à produção dessa "ordem" que caoticamente nos consome diuturnamente.

Em virtude da própria urgência, a marca da dita modernidade, sinto-me impelido a concluir o meu texto, visto que, caso o prolongue, as nossas urgências nos farão inevitavelmente deixá-lo de lado. Por isso, posto aqui algumas indagações: o que de fato é urgente? Se nos restasse apenas "um minuto de existência" qual seria o relato que faríamos de nossa história?

Talvez, e digamos talvez, a toada da vida moderna nos deixe uma grande e dura questão e uma inevitável lição, uma vez que devemos aprender a viver só, visto que a solidão nos acompanha e ao lado caminha uma multidão.

Acredito que devemos ouvir a nossa voz interior. Aquela que é a mais profunda e que se encontra abaixo de tudo que foi inculcado em nós pela educação confessional e que certamente será contraditória a ela.

Devemos igualmente aceitar que não há transcendência, somos o resultado da natureza, da combinação de vários elementos que estão presentes no cosmos, somos paridos no seio da Terra, filhos do pó que vagueia neste infinito Universo e é para esse lugar que retornaremos, visto que não há um sentido, somos nós que devemos fazê-lo, sob pena de ter uma vida de rebanho.

Abra a sua mente para a ciência, exercite a reflexão, o espelho de nós mesmos, não esqueça de olhar para as imagens dos telescópios Hubble e James Webb. Tais imagens irão lhe despertar o fascínio de estar aqui, reconhecer o quão grande és, pois podes contemplar, por meio da ciência, imagens que nos fazem reconhecer a nossa pequenez na infinitude do Universo e, ainda que não encontre uma explicação, apenas contemple, porque o ato de contemplar pode ser o sentido da vida, pois estamos aqui para apreciar o desconhecido, o mistério e, ainda que esse não seja, a ausência de sentido da existência já é o seu próprio sentido.

Por fim, adote como possibilidade de "saída" a seguinte ideia: talvez a fé ou a interpretação honesta deva considerar sempre a possibilidade de estar errada, isto é, conter em si mesma a dúvida. Dito de outro modo, duvide e apreenda a apreciar diuturnamente a vida e a dúvida.

## SOBRE A VIDA E A MORTE

O modo como percebemos a vida e a morte não seria uma compreensão superficial equivocada? Nascer, viver e morrer é um ciclo interminável de tudo que há, uma lei que rege todo o Universo? Há alguma divindade que decide o tempo em que nasceremos e morreremos? E o que denominamos de tempo tem de fato alguma relevância para a vida?

A princípio considero que a vida é um precipício, uma ponte frágil, que se estende até o outro lado e que não sabemos quando se finda. Assim, todos os dias buscamos uma razão que nos sustente, um ponto de equilíbrio, um corrimão, pois, ainda que estejamos embriagados pelo fascínio e decepção, pelo ideal e realidade, podemos continuar a nossa hercúlea tarefa, sobreviver às delícias e às dores de sermos quem somos.

Iludidos, porém firmes, e firmes, porém iludidos fazemos a nossa travessia guiados pelo dever: o dever da segurança, da esperança, da gratidão, enfim por amuletos que façam com que os nossos efêmeros castelos pareçam fortalezas em um universo onde tudo muda constantemente, onde tudo se desmancha, tudo se esvanece.

Eis o pacto que a natureza urdiu para nós que, apesar de toda imprevisibilidade, nos pariu e nos deixou à deriva para que pudéssemos, ainda que vulneráveis, remar rumo ao (in)finito, ao desconhecido, contemplando aquilo que denominamos de vida e morte, e que talvez sejam apenas manifestações da natureza que flui e muda continuamente.

Quando olho a vastidão do Universo, compreendo que a nossa concepção de vida e morte decorre de uma visão superficial, dado que a vida perpassa a morte e a morte perpassa a vida, eis a lei que retroalimenta aquilo que julgamos como opostos e que penso ser a continuidade da manifestação do ser. Exemplifico tal ideia do seguinte modo: quando morremos, a nossa matéria vai gerar outras formas de vida e o mesmo ocorre quando nascemos, pois, para que nascêssemos, foi necessário que outros entes ínfimos, espermas e óvulos morressem; assim, a manutenção da vida passa pela morte de outras vidas, é o que se denomina de cadeia alimentar.

Na realidade não há morte e vida, visto que morte e vida são estados que nós percebemos nos seres, são ideias acerca desses estados. Assim, o que há é uma continuidade da matéria, isto é, vida que, por sua vez, gera mais matéria, é o que denominamos de vida e de morte se manifestando em outras formas.

Continuo as minhas observações afirmando que a nossa vida depende de que outros seres morram, pois consumimos vidas para a manutenção da nossa vida. As nossas geladeiras, os supermercados e todos os estabelecimentos que vendem alimentos comercializam a vida e a morte que nos mantêm vivos.

O que se passa aqui ocorre em todo o Universo, basta olharmos para as imagens dos telescópios e percebemos que o mesmo que se passa lá, ocorre aqui. Galáxias consomem umas às outras, de sorte que a maneira como percebemos a vida e a morte se passa por todos os recantos do Universo.

Quanto a mim, eu confesso: eu padeço de um sentimento, o abismo me chama, a sua gravidade me fascina e inevitavelmente me atrai, ele é a toca de onde fui ejetado, o pulsar que me fez existir. E é nessa toada, é nessa canção que eu sempre encontro uma razão para recomeçar, ainda que eu seja sugado pelo precipício, pela toca de onde fui expulso, tenho a plena convicção de que uma outra manifestação, que desconheço, me será dada pelo Universo que me pariu. Que assim seja o (in)findável!

Se há alguma divindade eu a sinto quando respiro, quando levo à boca o alimento que sacia a minha fome ou a água que põe fim à minha sede, no vento que entrecorta meu corpo e que a pele sente. Dito de outro modo, tal divindade é o próprio Universo em eterno movimento e quanto mais alcance temos da grandeza do universo, mais fascinados ficamos. Poeticamente, poderia dizer que beber da beleza do cosmos é o que torna a vida um adorável e arrebatador estado de êxtase.

Assim a natureza e o Universo, ou Cosmos, representam a divindade que contribuiu para que eu exista e possa dar continuidade, ainda que tal existência tenha uma ínfima significância para a natureza e o Universo. Em outras palavras, a natureza e o Universo, ou Cosmos, são as divindades que regulam a existência e a mim resta contemplá-las, pois não há prece nem ciência que possam modificar tal condição.

Ainda acerca do ideal de uma suposta divindade, eu creio que ela não está nos livros que foram sacralizados pela tradição, tampouco — menos ainda, só para reforçar — na boca dos homens que se dizem conhecedores de suas palavras e destilam o ódio baseados em pressupostos de que o diferente não pertence a ela.

A mim, parece mais sensato pensar, por enquanto, que ela se encontra no Universo — é o próprio Universo —, o espaço onde as coisas nascem e morrem, são geradas e corrompidas, sem que qualquer intervenção definitiva possa ser feita por nós — os (i) mortais — para interromper essa inquebrantável lei.

Eu estou aqui, nasci aqui e vou ficar por aqui, pois o mesmo Universo que me pariu um dia me acolherá em teu seio, em tuas fendas, numa ininterrupta celebração do que denominamos de vida e morte.

Porque assim como as flores morrem, assim também nós também morremos! Poeticamente eu poderia enumerar tantas razões. Eis algumas: talvez para pronunciar de forma tão bela a sua efemeridade; ou quem sabe para exalar por alguns momentos o seu inebriante bálsamo; quiçá para mostrar que tudo que é belo tem uma finitude; ou presumivelmente para anunciar brevemente o seu florir e o seu adeus e nos agraciar com o seu belo espetáculo.

Assim "filosoficamente", sem olvidar a poesia, eu poderia expor outras "razões": as flores morrem, pois ontem anunciaram de forma exuberante a beleza da vida e hoje impiedosamente querem nos dizer que, apesar de toda a intensidade da vida e do belo que a cada dia nelas insurge, tudo um dia há de morrer. Não que a morte seja o fim do belo, mas a sua extensão, a sua continuidade que se apresenta de outra forma. Inexoravelmente as flores morrem para nos alertar que nascer e morrer são leis invioláveis do Universo, o que torna possível a existência e a contemplação do belo.

Retornando à ideia de que há uma única divindade que tudo controla, uma vez que é onipresente, onisciente e onipotente, eu o convido para uma releitura que pretende outra interpretação.

Desse modo, o diálogo lhes convida: vinde a mim, todos que estais cansados da ideia de um único caminho! A história tem nos mostrado, no desenho de sua trajetória, fatos que nos causam espantos. Alguns, em nome de uma ideia de Deus, justificam os seus mais profundos delírios e os transformam em barbáries. Na maioria das vezes, esses se direcionam a toda e qualquer forma de expressão que julgam como contrárias a si. Assim, recorrem às "Sagradas Escrituras" na busca de fundamentos que justifiquem as suas ações. Em verdade, distorcem-nas para justificar o que não aceitam para si.

Pobres homens que não tiveram acesso a outras literaturas e, quando as experimentaram, não foram capazes de compreendê-las, pois a sua pouca educação literária e seu espírito encontravam-se voltados apenas para uma única interpretação do mundo professada por seus líderes que disfarçaram os seus ocultos interesses e disseram que falavam em nome de um suposto Deus.

Vê-se que muitos dos que professam a intolerância a professam influenciados por outros que não leram com olhos de lince as ditas "Sagradas Escrituras". Essas leituras exigem uma capacidade hermenêutica que está para além do conhecimento que esses homens tiveram e isso, com efeito, contribui para a aceitação da distorção das ideias que lá se encontram.

Seria de bom senso perceber que as escrituras que alguns julgam sagradas são os relatos históricos de um povo, em uma dada época, à procura de Pátria, Terra e Salvador, visto que foram perseguidos por séculos, de sorte que encontrar um Messias seria pôr fim à sua longa saga. Esse mesmo povo se dividiu, pois uns acreditaram ter encontrado um Messias ao passo que outros continuam à sua espera.

Tal relato é o relato de um povo e não pode ser aplicado à humanidade de forma generalizada. Cada povo tem a sua história, as suas guerras, as suas crenças e os seus heróis que devem ser respeitados. A tolerância é palavra-chave para a boa convivência entre os povos.

Pelo exposto, e com o devido respeito, trata-se do problema de um povo que sofreu perseguições por longos séculos e estava à procura de Pátria, Terra e Salvador e um Senhor que o guiasse, visto que sempre foi perseguido e na história recente temos o holocausto que em nome de um suposto ideal assassinou 6 milhões de judeus.

O nosso problema se inicia quando o nosso país é colonizado pelos portugueses acompanhados dos jesuítas. Tal fato apagou a cultura indígena que existia aqui e, com a catequização, o cristianismo foi se impondo.

A saída para escapar dessa visão intolerante é ater-se aos princípios básicos e não às supostas regras inculcadas por inescrupulosos líderes. No caso de nossa civilização, mesmo reconhecendo a dificuldade de praticá-lo, esse princípio é o amor, o amor que nos ata, é o que nos une e traz vida; e o repúdio ao ódio que nos distancia, que nos corrói, que mata a nós mesmos e aos outros.

Abrir-se para o diálogo é outro modo de superar essa visão unidimensional e reconhecer o diferente como parte de um todo, que, apesar de todas as diferenças, insere-se em uma unidade. Essa unidade denomino de humanidade, somos uma parte que contém em si uma parte do todo que por aí se dissolve.

Não há um ser puro, somos todos híbridos, todos os desejos, todos os tons, todas as formas estão em nós. Somos parte e concomitantemente todo, inseridos num "grande globo", um grão de areia que circula em torno de uma estrela, que se encontra numa galáxia, rodeada por infinitas galáxias.

Jogue fora a sua infundada verdade, o seu infundado valor e, sobretudo, a sua intolerância à diferença. Abra-se para o diálogo e reconheça a sua pequenez, pois somente assim você terá a grandeza que lhe é devida.

Entendo que há um mundo que não aparece, sempre guardamos algo, a nossa parte, o não revelado, o que é subjacente. Talvez devêssemos destinar mais tempo à escuta do mundo interior. Se assim agíssemos, compreenderíamo-nos melhor, bem como teríamos a capacidade de entender o outro.

Não devemos nos esquecer que o ser humano é um ser de relações, a minha formação é autoformação, que se realiza na relação com o outro. O outro é parte de mim e eu de algum modo sou parte dele, estamos imbricados em um processo que não cessa. Por isso, o olhar de si e o olhar do outro são fundamentais na construção da minha identidade, da nossa identidade e, com efeito, no caminho para a tolerância às diferenças. Em verdade, somos Eu e Você!

É por isso que somos!

Há um preceito de que o tempo é o senhor tudo, pois ele coloca cada coisa em seu devido lugar, o tempo ideal. Em face dessa máxima, comecei um processo de indagação acerca do tempo e me dei conta de que a realidade é outra, pois em verdade não devo negar quem sou à espera do tempo para me revelar, pois o tempo não tem prudência. Aliás, as virtudes e os vícios humanos não se aplicam a ele, ele não tem medidas e o nosso modo de mensurá-lo é limitado às nossas sensações, percepções e concepções. Dito de outra maneira, o tempo ou o que denominamos de tempo é paradoxal, pois não existe começo, meio e fim.

Admito o quão enigmática é tal invenção, pois ela tem outra ordem que é inumana. Eis-me diante da seguinte reflexão: quem és tu, Tempo? Por que me devoras? Quem és Tu, que desmedidamente põe por terra todas as medidas? Quem és Tu, que mortificas e faz (re)nascer belezas e torpezas nunca dantes vistas?

Oh, Tempo! Sei que és implacável, nada há que possa interrompê-lo, pois destemidamente tudo irrompe, tudo consome. Sei que não pedes licença, tampouco desculpas, pois tênue e violentamente permeias as dores, os amores, os receios, as tolices e, por mais que nos esforcemos em estagná-Lo, seremos seus eternos prisioneiros e, em um dado momento, abruptamente e intrepidamente nos quebrantarás.

Presumo que em Tuas vísceras encontra-se toda a história. Assim, mesmo que possamos usar de nossa memória para a partir delas, reconstruí-la, Tu sempre insurgirás contra a nossa cambaleante memória, criará vazios que jamais poderão ser preenchidos, restaurados.

Reconheço, diante de toda a minha ignorância, o Teu ímpeto devorador — a Tua essência — que me põe em movimento para (re)significar a cada instante a minha frágil e pantanosa existência. A Ti sou um eviterno devedor e bem sei que a qualquer momento deverei despender como forma de (in)gratidão o derradeiro e mais longo suspiro do meu ser.

A Ti eu me rendo, pois sem Ti nada sou. Mas ciente estou que consigo me quebrantarei em um brevíssimo instante em que pulsas.

Oh, Tempo! Tu és Deus — os gregos chamam-Te de Cronos —, o mais Intrépido, o mais Voraz, o Soberano, Aquele que me sorve com uma única e turva intenção que se expressa do seguinte modo: aproveite o tempo que eu te dou e simplesmente não negues aquilo que és, seja, implacavelmente seja, assim como Eu sou.

Não negues aquilo que és, em um dado momento o que denominamos de morte chegará, reitero, não negues aquilo que és, pois, caso tenha agido desse modo, é possível inferir que já estavas morto, pois negaste a ti mesmo. Ainda que doa ser o que somos, mais vale a vida do que suportar a dor de não sermos o que somos.

Sócrates (469-399 a.C.), na *Apologia*, é indagado sobre a morte e responde que não há porque um homem de bem temer a morte. A respeito da questão, faz algumas conjecturas, quais sejam: se a morte é um sono profundo, é algo maravilhoso, e, se há uma vida depois da morte, ele irá morar com os grandes heróis e dar continuidade aos seus questionamentos filosóficos.

Epicuro de Samos (341-270 a.C.) afirmava que não há razão para temer a morte, pois quando somos ela não é, e quando ela é já não somos.

No que diz respeito às nossas visões superficiais de vida e morte, há um dilema: e quando a morte chegar quem vai nos chamar quando as luzes se apagarem? Em relação ao que denominamos de morte e que em um dado momento chegará, gostaria de compartilhar a minha inquietação e a resposta que dei a ela.

Eis que assim eu caminhei a minha jornada, certo de que em algum momento eu a encontraria, pois, apesar de todos os desencontros, você sempre foi a mim anunciada, alguns me diziam que havia um outro lugar além deste aqui.

Sedento por uma resposta, criei tetos, fiz moradas, fugas geográficas com a crença de que te encontraria em outras topografias, onde os relevos não ocultassem o horizonte e me permitissem, ainda que distantemente, vislumbrá-la.

Eu fui aos templos, li livros, fiz poesia, escrevi memórias, procurei-a por toda parte, clamei-te por todas as bordas celestes, em especial nas madrugadas estreladas, sempre em busca de um sinal. Encantava-me e desencantava-me com as imagens que via, mas nada me aquietava.

E foi assim que os dias se passaram, que o tédio pode ser suprimido, que a solidão, a ausência de sentido e todas as angústias que acometem o humano não me sobrepuseram continuamente.

Em verdade, você sempre esteve aqui, estava tão perto e eu não era capaz de percebê-la. Se eu tivesse olhado para o espelho, eu a teria visto e saberia que sempre busquei a mim mesmo e, em caminhos tortos, em trilhas alheias, desviei de mim mesmo a cada passo que dava.

Hoje eu sei quem deve dar sentido, quem é a luz que clareia os meus caminhos e me permite imprimir uma nova pegada, sou eu o caminho e a minha existência é a caminhada, o sentido que comunga com tudo, com o Universo que me pariu.

Sou eu quem vai me chamar quando as luzes se apagarem? Ou todos, ou ninguém, ou menos eu? Oh, "morte"! De abraços abertos estarei à sua espera, visto que acredito que continuarei sendo abraçado pelo Universo, a divindade que me pariu.

## SOBRE O DESNUDAR DOS NOSSOS AFETOS

Existe uma pluralidade de emoções que silenciamos, quais sejam: tristeza e alegria, prazer e dor, amor e ódio, medo e desejo etc. Tais emoções são emudecidas em virtude de uma moralidade ou de preceitos que dizem que há um tempo ideal, o momento adequado para que elas sejam expostas. Dessa maneira, tal ato de não as despir pode representar a asfixia do nosso ser e da nossa cupidez, a mais forte de todas as emoções.

Mesmo que muitas emoções sejam mudas, em virtude do contexto moral no qual se encontram inseridas, no que concerne à paixão ou ao amor, temos a tendência de desejar, de amar os outros como nós os retratamos, isto é, criamos clones dos nossos desejos. A questão que emerge é a seguinte: como gostaríamos que os outros fossem, em especial aqueles a quem amamos?

Apenso ao silêncio das nossas emoções e ao fato de como gostaríamos que os outros fossem um outro aspecto que julgo relevante: a nossa natureza ou condição como ser que deseja, uma vez que somos movidos pelo desejo.

Tenho a suspeita de que as emoções são os grandes motores de nossa existência. Elas estão lá, povoam a nossa alma e algumas, quando vociferadas ou não, podem marcar toda a nossa vida. Falo especialmente dos desejos, das paixões outrora sentidas, aquelas que foram as nossas mais intensas sensações que perpassaram a nossa existência. Se ditas tivessem sido, elas não estariam ainda hoje ecoando de alguma forma nos nossos pensamentos.

Agora, com o passar do tempo, olhamos para o retrovisor e nos damos conta de quantas coisas poderíamos ter vivido ou não, quem sabe! Assim, resta-nos o arrependimento de um abraço intenso que não foi dado, de uma lágrima guardada e de um beijo que tanto fora almejado por um amor que nunca foi declarado.

Será que nos faltou a coragem para estender as nossas mãos e tocar as tuas? Se tudo o que nós mais desejávamos era somente estar contigo! Ao que parece "alguma coisa nos segurou ou ficou no nosso caminho", como um entrave que sempre nos impedia de dizermos o que nós sentíamos um pelo outro.

Hoje percebemos que "a natureza tem maneiras astutas de descobrir nossos pontos fracos" e que lutar contra ela pode ser uma batalha vã, inglória. Assim, somos impelidos a admitir que o melhor deveria ser aceitá-la, render-nos a ela. Algumas reflexões acima tiveram como origem o filme: *Me chame pelo seu nome*.

Há uma mensagem dita no final do filme que nos permite, depois de um certo tempo de vivência, refletir quão caro nos é emudecer os nossos sentimentos, pois eles são únicos e dados a nós somente uma vez:

> "Antes que você perceba, seu coração está desgastado. E quanto ao seu corpo, chega uma hora que ninguém olha para ele e muito menos quer chegar perto dele". E "como você vive a sua vida é da sua conta. Só se lembre: nossos corações e nossos corpos nos são dados uma única vez".[66]

Pelo exposto, acredito que a grande lição que podemos depreender é a de que a vida é única e que a luta contra a natureza de determinados afetos, em especial o amor que sentimos pelos outros, pode, com o passar dos anos, deixar, em nossa boca e em nossa mente, a sensação do não experimentado, o que para alguns pode ter um gosto amargo.

Acredito que temos a tendência de pintar o outro à nossa imagem e semelhança, ou melhor, que o outro esteja ali pronto para atender aos nossos desejos. Assim, com tintas e pincéis, começamos a estampar o outro com as virtudes que julgamos como as mais essenciais, tais como: perfeição, sinceridade, fidelidade, dedicação etc.

Eis que a perfeição, a primeira das virtudes, torna-se um dos nossos mais caros e equivocados ideais, direciona-nos a desejar

---

[66] CALL me by your name/Me chame pelo seu nome. Produção: Peter Spears Luca. Direção: Luca Guadagnino. Itália: Sony, 2017. Vídeo (130 min), color. Lançamento no Brasil em 18. Jan. 2018.

avidamente, sequiosamente que o outro seja perfeito, conforme os nossos modelos de perfeição. Não obstante, mesmo enxergando tal impossibilidade, a nossa personalidade narcísica — o nosso desejo de produzir clones de nós mesmos —, o véu que cobre os nossos devaneios, não nos permite olvidar que tal condição não há.

Cônscios dessa impossibilidade, continuamos com a nossa persistência. Assim, a mudança, o grande motor de tudo, inclusive dos nossos mais "nobres" desejos, em nada serve ao nosso desencorajamento. Contrária e absurdamente, força de modo mais intenso o nosso ideal de perfeição do outro.

Conforme Nietzsche, "[...] o amor é o estado onde as pessoas mais veem as coisas como elas não são"[67]. Parece que os sentidos estão entorpecidos a tal ponto de alterar as percepções das coisas, em especial dos afetos, o que intensifica o nosso ideal de perfeição do outro.

Ainda segundo Nietzsche, "O amor é fé na paixão"[68], uma ficção que nasce com a paixão-fé, o ideal que denominamos de amor. Em face de tal paixão-fé, embriagados por Eros, começamos um processo de crença de que tudo será perfeito, damos à pessoa amada qualidades que ela não tem e, caso ela ao longo do tempo demonstre não tê-las, acusamo-la por não ser conforme o retrato que pintamos na paixão, que com a fé na perfeição ansiávamos que seria verdadeiro tal como o ficcionalizamos.

Diante do exposto, seria indício de saúde psíquica, nas nossas relações com os outros, libertar-se de nossa cruel tendência de querer fazer dos outros clones de nós mesmos. Portanto, compete a nós aceitar os outros como são e, se as diferenças forem tão significativas, devemos mudar as nossas rotas ou quiçá a nós mesmos, pois assim evitaríamos imperiosamente de cercear a liberdade e a individualidade de outro.

Tenhamos como máxima a seguinte prescrição: o outro não sou eu, pode até ter semelhanças comigo, mas, sobretudo, é o outro;

[67] NIETZSCHE, 2007c, aforismo 23, p. 28.

[68] NIETZSCHE, 2004b, p. 71.

respeite-o na sua individualidade, o que ele tem de mais nobre, o seu modo único de ser e o que pode decisivamente te encantar.

Além de emudecer alguns dos nossos afetos e de idealizar o outro, há uma dimensão que não pode ser olvidada: eu sou desejo! Sou miserável, há alguma coisa que me falta! Sou próspero, abundante de desejos, há qualquer coisa que me transborda!

Há muito tenta-se compreender o desejo. Platão no diálogo *Fédon,* ao expor acerca da imortalidade da alma[69] aborda o desejo como o mais baixo dos sentimentos, aquele que emerge quando a parte mais nobre, a razão, deixa de comandar. Aconselha Platão que, para controlar o desejo, devemos aplicar a virtude chamada de temperança ou moderação, visto que essa possibilita que ele seja usufruído de modo mais pleno e livre. Segundo Spoinville: "Esse usufruir pleno e livre ocorre quando permanecemos senhores dos nossos desejos e não escravos.[70]

Entretanto, somos por natureza seres cobiçantes e, por isso, incapazes de satisfação. Tal dimensão nos faz ao mesmo tempo dignos de glória e, simultaneamente, dignos de miséria.

Assim, o desejo se apresenta como uma das molas propulsoras de nossa existência — sem ele, nada seríamos —, visto que ele nos lança no devir, no futuro, o momento em que expectamos ansiosamente pela nossa satisfação.

Montaigne, ao reportar-se ao desejo, legou-nos a seguinte ideia: "proibir-nos alguma coisa é dar-nos vontade dela"[71]. Pelo exposto, interrogo e exclamo: qual é teu desejo? O que te é proibido? Não me proíbas! Pois, se agires de tal modo, criarás em mim o desejo! Me proíbas! Pois tal ação é que me faz ser, pois eu sou desejo! — uma vez que o amor é fé na paixão, que temos a tendência de idealizar o outro e que eu sou eterno portador do desejo, um ser querente.

---

[69] PLATÃO. *Fédon*. São Paulo: Edipro, p. 224-225, 2008.

[70] SPOINVILLE, André Comte. *O Pequeno Tratado das Grandes Virtudes.* São Paulo: Martins Fontes, 2000, p. 47.

[71] MONTAIGNE, Michel. Nossos desejos crescem com a dificuldade *In*: MONTAIGNE, Michel. *Ensaios*. Tradução de Sérgio Milliet. São Paulo: Nova Cultural, 1996b. v. II, cap. 25, p. 319, 1962.

Gostaria de saber sobre como desnudar os meus afetos, em especial a paixão, o desejo? Existe um tempo adequado para torná-los nus?

No ato de desnudar os nossos afetos, há a ideia de que existe um tempo oportuno para toda e qualquer ação, que soa como um preceito, uma espécie de imperativo em relação ao ato de despir os nossos afetos, a nossa querença.

Quando alguém nos encanta, somos imediatamente imobilizados por essa máxima. A ideia que dela deflui é que há o momento exato para falar de nossa cupidez.

Às vezes, essa máxima ecoa ao nosso espírito como malcriada, visto que o instante em que julgamos como o tempo para expressar os nossos afetos é exponencialmente contrário ao tempo do desejo. A ânsia que se tem de expressar tal estado de inquietude da nossa alma não se ajusta a tal preceito, uma vez que desejo por natureza é desajustador.

Assim, por conta desse imperativo, devemos nos calar e encontrar o tempo apropriado para que os nossos afetos possam convenientemente ser revelados. Dessa forma, algumas questões emergem, quais sejam:

a. Existe o tempo certo para cada coisa?

b. Existe o tempo apropriado para dizer que estou encantado por ti?

c. Se isso é sabedoria, seria o sábio um escravo dela própria? Nesse caso, vale a máxima aristotélica: "O homem livre é senhor de seus desejos e escravo de sua consciência"?

Em virtude do que foi questionado acima, hesito... Às vezes, nas pegadas da dita sabedoria, encontro tanta estupidez, visto que somos humanos e não somos deuses. Os nossos afetos não se adequam à "sábia" lógica do tempo, o tempo que os move tem uma outra (des)ordem. Ora, se o tempo que move os meus estados de paixão e de desejo não tem a mesma ordem temporal, como posso me adequar ao tempo do que é atemporal?

Tenho a impressão que, ao ordenar as nossas paixões e nossos desejos, criamos as nossas prisões. Assim interrogo: temos a coragem de ser? Ou parecemos ser?

Quanto a mim gostaria de ser como um cínico, romper com os vínculos, os padrões morais que nos tornam prisioneiros de nossas próprias moradas, mostrar minhas vísceras, ficar inteiramente "nu". Acredito que, se assim agíssemos, talvez pudéssemos reconhecer verdadeiramente as nossas igualdades e ter a ciência de que as nossas diferenças nada mais são que máscaras, normas sociais que regulamentam as nossas ações legitimadas pela ideia de que devemos parecer ser, haja vista que não há espaço para o ser, para a coragem de ser.

Eu confesso que nas minhas vísceras há tristezas, alegrias, dores, prazeres, desejos etc. Se eu abri-las, tudo transbordará. Mas a sensatez, a prudência e todas as demais virtudes preceituam que eu devo, em nome da ordem individual e coletiva, apascentá-las, tendo em vista que o mostrar a si mesmo, o despir-se diante do outro, são maneiras de ser do cínico e, portanto, contrárias às virtudes sociais.

Acredito que nosso silêncio contribui inexoravelmente para as nossas indigestões psíquicas. O passado se foi e o presente tornou-se sua sombra, de sorte que as nuvens — o que não foi dito — encontram-se ofuscando o sol e, em determinados momentos, sentimos o prenúncio de uma tempestade.

Assim segue o gênero humano, ruminando no presente o passado com a ácida esperança de que em um dado momento, no futuro, possa digeri-lo.

Certamente, há tanto para ser dito, talvez as palavras possam ser a melhor maneira de expressão. Todavia, é visível que há ausência de um espaço para a fala franca, o dizer a verdade, as inquietudes de nossa alma. E essa falta de espaço tem sido, sobremaneira, a grande causa dessa indigestão ou dor psíquica.

Assim, em meio a esse silêncio, a topografia de nossa existência vai aos poucos se sedimentando e as nossas experiências tornam-se uma espécie de estrato, camadas que se sobrepõem, um mosaico que se finda no último suspiro de nossa consciência.

O ato de desnudar os nossos afetos, em grande parte, depende do abandono de determinadas virtudes e, com efeito, de expelir o grito ensurdecedor que habita o nosso silêncio. A saída seria, penso, adotar o seguinte aforismo nietzschiano: "De tempos em tempos é preciso deixar as virtudes dormirem"[72]. Dito de outro modo, de vez em quando, é preciso adotar a maneira de ser dos cínicos, zombar das falsas convenções sociais, da moralidade.

De fato, não há como tamponar o poder de Eros, já que às vezes somos tomados pelo arbítrio de Eros. Algumas vezes vertemos coisas que, após algum tempo, causam-nos um certo estranhamento. Em uma manhã ensolarada, em que Eros se apropriava de minh'alma, lancei para fora do meu ser essa breve poesia:

Neste exato momento, neste lado do globo terrestre, o sol beija e abraça uma metade da Terra. Do outro lado, a lua faz o mesmo. No dia que se inicia e na noite que está porvir adoraria, imensa e intensamente, ser o sol e ser a lua para poder abraçar-te, beijar-te e, suave e docemente, deslizar pelo teu ser.

Ainda entorpecido pela flecha de Eros indago: por que abraçamos? O que podemos dizer e ocultar quando abraçamos? Quando te abraço é minha intenção "sentir você", correr teu corpo em minhas mãos, deixar mover, mover, mover. Quando te abraço, suspira minh'alma, soberba, súbita e calma. Quando te abraço é pelo beijo que não posso objetivar, é pelas palavras que não posso expressar. Quando te abraço é simplesmente porque te quero.

Em virtude do exposto, deixo as seguintes indagações: onde guardas o teu silêncio? Quais são as tuas indigestões psíquicas?

Findo estas breves linhas com a seguinte questão de uma tirinha da Mafalda, personagem criada pelo cartunista argentino, Joaquim Salvador Lavabo: para onde vão os nossos silêncios quando deixamos de dizer o que sentimos?[73]

---

[72] NIETZSCHE, 2004b, p. 72.

[73] LAVABO, J. S. Disponível em:https//br.pinterest.com/pin/189714203041967071/. Acesso em: 11 mar. 2023.

## DO SONHO DE LIBERDADE

Hoje pela manhã eu terminei de acordar depois de um belo e longo sonho, cujo tema era a inexistência de obstáculos, uma esplendida e inteira liberdade que me povoava, nada havia que pudesse controlar meu endoidecer que suavemente deslizava por todos os lugares desvairadamente. Todavia, em dado instante, um estrondo me despertou para anunciar que a liberdade era tão somente um sonho, mas eu bem sabia que esse é um daqueles ideais que se sonha e se canta acordado.

Inegavelmente, há uma voz que grita em minha alma, ela clama por liberdade. Ao que parece, essa foi, é e será a minha errante e tempestuosa trajetória, a busca da liberdade, a aspiração de todos homens — dado que esse ideal, ideia ou sonho que esgoela e brada de modo lancinante nas minhas vísceras, tem como seu mais intenso desejo o de ser expelido por mais inapropriado, hediondo, asqueroso e repulsivo que possa aos seus olhos parecer ser.

Eis a minha sina, gritar o meu ser, aquilo que sou, abrir a minha morada e deixá-la visível, com as portas abertas aos olhos de todos. Assim, aqueles que se identificarem com as minhas ânsias podem nela entrar, visitar e, a depender das circunstâncias, fazer moradas...

Apesar de todas as tentativas de coagi-la, de suprimi-la e tamponá-la, eu declaro e silenciosamente eu grito: eu sou essa voz! Essa voz sou eu! Desse modo, ainda que todas as vozes tentem suprimir o meu canto, que todos os diques queiram estancá-lo, que mordaças sejam sobrepostas à minha boca, eu gritarei do fundo de minh'alma: LIBERDADE!

Para continuar a sonhar e cantar a liberdade, uma música de Marcos Vale, "Viola enluarada", instalou-se em meu ser. Abaixo segue a primeira estrofe:

A mão que toca um violão

Se for preciso faz a guerra

Mata o mundo, fere a terra

A voz que canta uma canção

Se for preciso canta um hino

Louva à morte.[74]

A liberdade é um dos mais belos ideais partejados pela nossa capacidade criativa. És contrária à escravidão, ainda que essa seja física, não se realiza na sua totalidade, dado que há em nossa alma um espaço para ela, por menor que seja. Um espaço onde ninguém é capaz de alcançar — o nosso pensar — e onde aqueles que querem nos submeter e nos aliciar às suas normas e crenças não encontrarão a tão esperada guarida.

Acredito que o ideal de liberdade é o mais elevado de todos os valores humanos, é a porta de saída ou de entrada de todas as nossas inquietudes, de tudo que nos aprisiona e nos oprime. Por ela se morre e por ela se mata. Eis-nos diante da nossa mais elevada aspiração: a liberdade.

Libertas é o teu nome, deusa romana, a encarnação da liberdade. De ti, deusa, nasceu e materializou-se o ideal de liberdade, aquele que mais encanta o nosso ser, já que parece ser a abertura de todos os demais ideais, a morada que abrigaria a nossa eterna capacidade de sonhar, de criar inúmeras fantasias, de imaginar.

Tu és, sem sombra de dúvida, a causa de muitos poemas, canções, livros etc. muitos morreram por ti, o mais nobre de nossos valores. A imaginação que faz morada em ti pode nos transportar para os recantos mais distantes, já que por intermédio dela somos capazes de voar, cruzar as fronteiras da realidade. E, quando é ativada por alguma substância psicoativa, o seu poder e, por conseguinte, seus riscos de não retornar à dita realidade aumentam exponencialmente.

Em ti, imaginação, hóspede da liberdade, encontra-se toda ficção que criamos ao longo de nossa existência, já que pressuponho

---

[74] VIOLA enluarada. Intérprete: Marcos Vale. *In*: *Viola enluarada Intérprete*: Marcos Vale. São Paulo Odeon/Emi, 1976. LP, faixa 1.

que foi a imaginação quem criou e deu sentido às palavras e, com efeito, nominou tudo o que há mundo.

Em ti, liberdade, reside todo o nosso poder criativo, esse artifício capaz de tornar aprazível a nossa existência e de ti defluem inúmeras prazerosas lembranças: a saudade de um beijo apaixonado, a nostalgia de uma paisagem esplendorosa, a memória de um delicioso prato outrora experimentado, a lembrança de um orgasmo que se dissipou por todo o corpo etc. É a imaginação que nos invita à liberdade e a liberdade nos convida à imaginação.

De fato, a liberdade enquanto essa dimensão do nosso existir, abriga dentro si uma miríade de potencialidades. Ela pode celebrar e altear a vida às zonas inusitadas, mesclando as nossas memórias e compondo o dantes nunca visto e, com efeito, proporcionar sensações jamais vivenciadas.

Entretanto, uma advertência faz-se necessária: subjacente a todo deleite, pode existir o desprazer. Assim, devo reconhecer que a liberdade tem seus paradoxos, pois pode nos proporcionar o voo às alturas, ao céu e, simultaneamente, nos quedar impiedosamente na terra.

Em face do exposto, eis-me diante dos seguintes questionamentos: nascemos para ser livres? Ou a vida é uma grande prisão erguida sobre o pântano do ideal de liberdade? A liberdade é um entre tantos ideais ou ficções da nossa existência?

Jean Jacques Rousseau (1712-1778) dizia: "o homem nasce livre, e por toda parte encontra-se a ferros. O que se crê senhor dos demais, não deixa de ser mais escravo do que eles"[75]. Podemos inferir que não há, segundo Rousseau, entre nós, os puros homens livres, visto que aquele que acredita ser senhor é também um escravo, pois, ao aprisionar o outro, aprisiona a si mesmo.

Segundo Jean Paul Sartre (1905-1980), a existência precede a essência. Ou seja, primeiro existimos e depois teremos o poder de realizar os nossos atos. Assim diz: "É o que traduzirei dizendo que o

---

[75] ROUSSEAU, J. Jacques. *O contrato Social*. Tradução de Vergílio Ferreira. São Paulo: Abril Cultural, 1973. cap. 1, p. 28.

homem está condenado a ser livre. Condenado porque não se criou a si próprio; e, no entanto, livre porque, uma vez lançado no mundo, é o responsável por tudo quanto fizer"[76].

Tal masmorra ou condenação é uma condição, não é uma prisão, é um caminho, o caminho da liberdade de escolher o ato que se julga o melhor. Entretanto, condenados à liberdade, não deixamos de ser responsáveis por nossas escolhas.

Existem alguns, porém, que condenam a liberdade, pois tal ato coloca em risco as suas crenças e, para tanto, faz uso da ideia ou dogma do "livre-arbítrio" justamente para condená-la e culpabilizar os homens por seus atos.

Esses que se julgam os detentores da "verdadeira" liberdade que se realiza na salvação e, com efeito, não deve ser exercida na existência terrena, tiveram e têm como objetivo nos catequizar, nos converter aos seus dogmas.

Uma vez que fôssemos catequizados e convertidos, encontraríamos a liberdade na salvação. No entanto, alguns sabem que tal catequização e conversão é uma mera aparência e que jamais impedirá o ato de pensar, ainda que não seja materializado, pois não há Senhor, padre ou pastor que sejam capazes de controlar inteiramente os nossos pensamentos, dado que eles fluem ao sabor de nossos desejos naturais e vitais. É nesse momento que a hipocrisia, a falsa moral e o autoengano são necessários, mesmo que não seja, é preciso parecer ser.

Ignóbeis homens que fingem ser aquilo que não são, pois a liberdade pressupõe riscos, e, com efeito, renunciam exercê-la, por temor e culpa. Desse modo, gostaria de reiterar que, ainda que não exerça a sua liberdade, não há Deus nem prece que possa controlar os seus pensamentos, em especial os seus desejos.

Assim, sinto a liberdade em dizer que tal servidão a um Senhor não passa de uma grande mentira, de maneira que reconheço dois tipos de homens, quais sejam: i) aqueles que sabem que estão

---

[76] SARTRE, Jean Paul. *O existencialismo é um humanismo*. Tradução de Vergílio Ferreira. São Paulo: Abril Cultural, 1973. p.15.

mentindo; e ii) aqueles que acreditam na própria mentira que a eles foi contada várias vezes. Estes, os últimos, são os mais perigosos, pois são aliciados pelos primeiros e, portanto, capazes de atos que creem emanar de ordens divinas.

Presumo que desde os primórdios, ainda que não tivesse um nome, já ansiávamos pela liberdade. A princípio, pensávamos que o mundo tinha sido feito somente para o nosso deleite, depois de um tempo descobrimos que nem tudo era como parecia. Fomos introduzidos às normas sociais, ao modo correto de se portar. Dito de outro modo, encontramos o nosso cárcere e, por conseguinte, começamos a perder o que havia de mais sublime em nós, a nossa liberdade.

Além da nossa prisão corpórea, deparamo-nos com a nossa prisão social, há um terceiro olho que nos espia o tempo todo. Eu confesso: gostaria de pelo menos um dia despir-me de todas as amarras, de todas as teias que me aprisionam e gritar nem que fosse pela última vez: eu nasci para ser livre!

Há tantos sonhos de liberdade na nossa vasta e ampla literatura. Escolhi a mitologia grega que nos fala de Ícaro, o filho de Dédalo. Ambos se encontravam presos em um labirinto. Seu pai resolveu construir com penas e cera um belo par de asas para que ele pudesse transpor o labirinto e ganhar a liberdade. Contudo, advertiu-o, dizendo que ele jamais deveria aproximar-se do Sol, pois a cera poderia se derreter, tampouco deveria aproximar-se muito do mar, pois a umidade tornaria pesadas as suas asas. Maravilhado com tal poder, Ícaro não se conteve, voou bem alto e implacavelmente o Sol derreteu as suas frágeis asas e terrivelmente o mar o acolheu.

Por tudo que foi dito, reconheço: há um Ícaro que povoa minh'alma, essa é a minha melhor parte, vez ou outra me aproximo do mar e do Sol, a liberdade pressupõe riscos e viver é atrever-se.

A Dédalo e a Ícaro expresso a minha gratidão: obrigado, Dédalo, pelas asas que fizeste para Ícaro, pois a vida é um grande labirinto e, apesar de todos os riscos, a imaginação (as nossas asas) é a possibilidade de transpor os muros e conhecer ainda que momentaneamente a liberdade. A Ícaro reitero o meu reconhecimento, pois nos legou uma grande e sábia lição: a possibilidade de alçar voos, estar entre o Sol e a Terra, entre o Ideal e o Real.

Agora somos sabedores de que as nossas asas podem transpor os céus, mas é preciso respeitar os limites das alturas dos nossos voos, haja vista que quanto mais alto se voa, mais próximos da luz se encontra, de modo que as ceras frágeis, que nos tornam seres alados, podem derreter e, com efeito, interromper tragicamente a nossa odisseia.

Ao que parece, a liberdade foi santificada, canonizada para a mera contemplação, dado que não foi o alicerce do nosso projeto de civilização e que, consequentemente, não foi bem-sucedido, pois idealizamos um mundo que não cabe dentro da vívida realidade. Como exemplo, temos a liberdade, o mais nobre de nossos ideais, que foi alijada do nosso projeto de civilização e agora se encontra cambaleante em terreno deveras lodacento, a morada da estupidez humana.

A estupidez humana pode ser educada? O ser humano é dotado de uma imaginação brilhante e, sobretudo, capaz de realizar grande parte dela, de modo que intervimos na natureza e produzimos arte, por meio de técnicas, elaboramos uma (in)finidades de artefatos que propiciam facilidades à nossa existência.

Por meio das palavras, o símbolo por excelência, poetizamos o que há de sublime nessa efêmera paisagem na qual nos encontramos e, simultaneamente, somos livres e prisioneiros. E, nessa toada de nossas vivências, alimentamo-nos de sonhos, das nossas utopias, da liberdade.

A mim, apesar de toda a beleza sobre a qual repousam meus olhos, há uma outra parte, nada bela, que às vezes não quero ver. Essa se revela na nossa estupidez e comparece na intolerância, na desigualdade, na violência, na guerra, em toda espécie de maldade que diuturnamente cometemos contra os nossos semelhantes.

O quão paradoxal são as nossas ações? Liberdade às custas da prisão de outrem, dado que a liberdade não é uma condição dada a todos. Assim somos nós: capazes de criar e idealizar tantas belezas, bem como somos igualmente capazes de produzir tantas barbáries e estupidez. Assim, quanto à educação da nossa estupidez, acho oportuno citar Aristófanes (447-385 a.C.) que nos legou uma célebre frase: "A juventude envelhece, a imaturidade é superada, a ignorância pode ser educada e a embriaguez passa, mas a estupidez dura para sempre"[77].

Assinto que jamais terei a liberdade na sua totalidade e que serei incapaz de defini-la. Mas que, ao fazer dela o meu néctar diário, dependente dela me tornei. Desse modo, ela fez morada em mim e hoje dela sou prisioneiro. Então, somos prisioneiros da liberdade? Após um longo suspiro respondo: sim e não. Sim, criamos uma ideia que não se realiza, pois imperativamente exige a ausência de restrições. E isso não ocorre. Não, ela nos impele, nos motiva e nos faz alçar voos.

Apesar de tentar dialeticamente replicar as minhas inquietações, sei bem o quão difícil é respondê-las. Criamos conceitos que "transcenderam" a nós mesmos, de maneira que nós, os criadores de tal ideal, a liberdade, hoje somos incapazes de retomá-los nas mãos e dar-lhes os devidos contornos, visto que acredito que isso seria possível.

Para dar continuidade à reflexão acerca da liberdade, tanto daqueles que a condenam quanto daqueles que a veneram, gostaria de compartilhar o mito ou fábula do anel de Giges.

Na *República* de Platão, Livro II, encontramos o mito ou fábula do anel de Giges[78], sobre o qual nas linhas seguintes elaborarei um resumo. Tal mito narrado por Glauco visa a provocar Sócrates de que a virtude, no caso, a justiça, é uma mera aparência. De modo breve, irei relatar essa brilhante passagem. Giges era um pastor de ovelhas. Um certo dia, após um grande terremoto, abriu-se uma grande fenda no chão. Ao olhar para a fenda, Giges viu que havia um grande homem morto.

---

[77] O PENSADOR. Aristófanes. *O pensador*, [*s. l.*], [20--?]. Disponível em: https/www.pensador. com/autor/Aristófanes. Acesso em: 26 dez. 2022.

[78] PLATÃO, 1997, p. 43-45.

Giges resolveu descer até a fenda e, ao perceber que o homem portava um anel, decidiu retirá-lo e usar em seu dedo. Ao encontrar os pastores, Giges percebeu que, quando mexia no engaste e girava o anel, os homens riam dele e que, ao retornar o anel para o lugar em que estava, eles paravam. Giges se deu conta de que o anel lhe dava o poder da invisibilidade. Mais tarde Giges vai para o castelo, descobre os segredos do reino, dorme com a esposa do rei, mata o rei e toma o poder.

A questão que se depreende desse breve relato, que pode ser lido na *República* com maiores detalhes, é a seguinte: o que faríamos se tivéssemos o poder da invisibilidade? Exerceríamos a liberdade na sua plenitude independentemente das consequências?

A intenção de Glauco é a de mostrar a Sócrates que a virtude é uma mera aparência que se quebrantaria diante da invisibilidade. Em verdade, não somos virtuosos, parecemos ser porque somos visíveis.

Repito: o que faríamos se tivéssemos o poder da invisibilidade? O que faria já que ninguém poderia vê-lo? Como exerceria a sua liberdade, em especial, os pensamentos que pululam na sua mente? Não precisa responder para mim, apenas não minta para si mesmo, não seja hipócrita!

As palavras, quando soltas ao vento — no caso, a liberdade —, não voltam às bocas para serem novamente lapidadas; algumas passam a ter vida própria a ponto de sublimar tudo que lhe é oposto e com a liberdade não foi diferente.

Pelo exposto, eu rogo, deixe de parecer ser, de mentir para si e para os outros: convença-me de que as inquietudes, as incertezas que habitam minh'alma possam ser apascentadas, apesar de todos os dias elas arderem.

Convença-me que o desejo de um mundo sem desigualdades, guerras, fome etc. um dia realizar-se-á, ainda que aqueles que mais odes entoam sobre a paz sejam os que mais destilam o ódio em seus inverídicos discursos de amor.

Convença-me que as tuas palavras são a pura expressão de uma vida que se dedica à construção do paraíso aqui na Terra e não um balbuciar salivante que escorre pelos cantos de tua boca o ódio que guardas em tu'alma.

Aliás, eu te peço: não me convenças! Apenas deixe de mentir, pois, se realizar isso pelo resto de sua vida, indubitavelmente, terá de fato contribuído para que a vida possa fluir e eu deixarei de implorar desesperadamente por sua ladainha de uma falsa fé, de uma falsa liberdade.

O que é a liberdade? Podemos defini-la? Ou a própria noção de liberdade está eivada de contradições?

A história humana legou-nos algumas noções de liberdade. Elas apareceram em versos, em prosas, nas pinturas, nas artes plásticas, na música, na filosofia etc. Reconhece-se que ela foi apresentada multifacetada e sempre incompleta. Igualmente, que por ela se mata, por ela se morre e por ela inúmeras odes e reflexões se verteram.

Acredito que melhor expressão para elucidar a contradição existente na noção de liberdade poderá ser obtida parafraseando um aforismo de Nietzsche (1844–1900) em que tão bem diz: "Dar um nome aos seus afetos já é um passo além do afeto. O amor mais profundo, p. ex., não sabe se autodenominar e fica se perguntando: será que não sou ódio?"[79].

Em face do exposto, no que diz respeito aos afetos e à posição nietzschiana, poderíamos, no que concerne ao afeto liberdade, ter a seguinte paráfrase: "A liberdade pergunta para si: será que não sou escrava"?

A liberdade, assim como todos os outros conceitos, é humana, ficção que depois de uso frequente tornou-se sagrada. Dito de outro modo, antropomorfismos (formas humanas) de ideias que acreditamos ter uma realidade, uma essência que lhe é própria.

Tal atitude, indubitavelmente, contribui para sacralizar o que é humano. Não que o humano não deva ser sacralizado, mas a contradição que dessa acepção emerge é: a liberdade é humana e não divina, ou melhor, humanamente divina.

[79] NIETZSCHE, 2004b, p. 71.

Não se pode objetar que seu poder secular arraigou em nossos corações o sentimento que a tornou sagrada, mas que, nietzscheanamente, somos impelidos a reconhecê-la como demasiada humana e, portanto, contraditória.

Creio que a liberdade nunca existiu, foi um instante de delírio, um ideal, uma criação de um animal chamado homem que acredita hesitar e, com efeito, captar a essência das coisas, no caso, a liberdade. Contudo, o ser humano na sua existência se deu conta, por meio da imposição da realidade, que a liberdade sempre estava condicionada a restrições.

Penso que somos um sopro do cosmos à espera de um buraco negro. Essa é a liberdade do cosmos, o caos que nos dá momentaneamente a ideia da ordem, harmonia e que delas prisioneiros nos tornamos. Não há ordem, nem progresso, haja vista que são ilusões momentâneas que, submetidas à crítica, a melhor das invenções, tornam-se sem sentido. Trágico? Irônico? Contraditório? Não! Humano, demasiado humano!

## DAS NOSSAS CERTEZAS

Inegavelmente somos nós que doamos sentido ao mundo. Todavia, depois de um longo uso de tais significados, não lembramos que fomos os autores de tais significâncias. Nietzsche nos adverte que: "Posto que, todavia, projetamos nas coisas determinados valores, então esses valores retroagem sobre nós, após termos esquecido de que fomos os doadores"[80].

Portanto, o ideal da certeza e a própria palavra certeza é o resultado de um projeto humano que retroagiu sobre nós, moldando, ao longo do tempo, a ideia de que havia "a certeza" e desde então nos tornamos portadores de certezas na nossa efêmera caminhada.

Então, foi assim que as certezas contribuíram para que eu continuasse a minha trajetória. Entretanto, a partir de um dado momento, esse efeito tornou-se instantâneo, posto que com elas, as certezas, sempre chegaram as dúvidas, o que de fatc me fazia e me faz mover.

Irremediavelmente constatei que as certezas tornavam a existência monótona ao passo que as dúvidas dinamizavam a vida, pois eram mais instigantes — muito embora, para alguns, a certeza, apesar de monótona, seja preferível à dúvida; enquanto para outros, a dúvida é instigante e incômoda e os fazem querer ir mais além.

Quando a incerteza toma espaço, não há como esquivar-se de determinadas questões. Portanto, neste texto, "Das nossas certezas", a dúvida é inevitável. Por mais que se diga ter a segurança de saber quem somos nós, em um dado momento ela irá romper o dique da convicção, inundando os nossos pensamentos de inúmeras inquietudes.

Entre as inquietudes atuais, destaco as imagens apresentadas pelos telescópios Hubble e pelo James Webb que deixam a dúvida ainda mais fascinante. Penso que é essa atmosfera de mistério que arrebata todo aquele que deixa se envolver por ela o que torna a

[80] NIETZSCHE, 2002, p. 64.

existência deveras deslumbrante, haja vista que cada vez menos sabemos quem somos nós que habitamos um grão de areia em uma Via Láctea cercada por trilhões de outras.

Ao abordar as nossas certezas, não há como nos esquecermos da nossa infância, tampouco o que denomino de infância da humanidade, dado que lá nasceram as fábulas que resistem até o presente. Tais estórias ainda ecoam em nossa existência e algumas, a depender do espaço em que são questionadas, podem tornar-nos um herege, um espírito diabólico.

Em tais estórias, o fantástico, o mágico, o impossível são considerados por muitos como uma certeza absoluta. Por isso, tendo a crer que uma parte considerável de nós ainda não saiu da nossa meninice.

Outro aspecto importante da "infância" é que nesse momento não se usa a lógica, a racionalidade, tampouco a matemática e a observação atenta dos fenômenos, usa-se a crença sustentada por relatos que são transmitidos de geração a geração com os acréscimos que são convenientes para sedimentar as convicções, visto que havia a ausência de uma explicação científica para os fenômenos quer sejam humanos ou naturais.

Na ausência da ciência, era necessário aquietar, por meio da imaginação, a infância dos diferentes povos distribuídos no globo terrestre, imaginação que, aliada à fantasia, foi a arte que contribuiu para o surgimento das mitologias, que são diversas. Entretanto, ainda há homens que acreditam em tais lendas e nem sequer permitem serem questionados. Outros fazem uso delas para enriquecer a si próprios e tornarem-se os paladinos de uma hipócrita e falsa moral.

Desse modo, foi na infância da humanidade, o instante profícuo para a elaboração de fábulas, que o espaço do impossível, do mágico, do fantástico se sobressaiu, já que a ciência com seus métodos e rigor ainda não vigorava.

Conforme Nietzsche "[...] o espírito não era solicitado pelo pensamento rigoroso; ocupava-se de urdir fórmulas e símbolos"[81],

---

[81] NIETZSCHE, 2007a, aforismo 3, p. 17.

e, por meio desses, grande parte pretendia ter o poder sobre os demais, de maneira que aquilo que a princípio era uma explicação mágica de como tudo surgiu tornou-se instrumento para sujeitar aqueles que confiavam, bem como aqueles que não acreditavam em tais mitologias.

Apesar do desenvolvimento científico, vige ainda entre nós pessoas que acreditam em soluções simples para coisas complexas, consideram como milagres soluções que só se tornaram possíveis em virtude dos avanços científicos. Igualmente, existem pessoas que acreditam em ganhos econômicos desproporcionais aos que o mercado oferta — as famosas pirâmides da moeda virtual — e em teorias da conspiração.

Tais homens são os mais fáceis de serem seduzidos pelas palavras dos inescrupulosos. Talvez os véus postos em seus olhos ao longo do tempo conseguiram cortinar o seu espírito crítico e os tornarem presas fáceis, prontas para serem manipuladas e convertidas por aqueles que fazem da fé uma profissão, um instrumento em benefício próprio.

Segundo Nietzsche, "[...] a crença forte prova apenas a sua força, não a verdade daquilo que se crê"[82]. Dito de outro modo, contra a crença forte, não há argumentos e, ainda que os fatos se imponham, levar-se-á algum tempo para se aceitar o quão se foi ingênuo e imprudente.

Cumpre ressaltar que na tradição ocidental, além de explicarem a origem de tudo o que existe, havia, nas poesias, fábulas, estórias dos seus deuses, uma função cívica, além de serem acessíveis a grande parte dos homens que as contavam nas praças.

Com a expansão do Império Romano e o crescimento do cristianismo, Constantino em 313 d.C. decidiu garantir a liberdade de cultuar outros deuses, o fruto de uma estratégia política. Foi somente no ano de 380 d.C. que Teodósio I, também como estratégia política, adotou o cristianismo como religião oficial do Império Romano.

---

[82] NIETZSCHE, 2007a, aforismo 15, p. 25.

Inegavelmente, não há como separar os homens do seu contexto, pois as respostas de suas inquietações acrescidas do seu desejo de poder tornam-se convenientes se forem pinturas de si mesmos e do contexto no qual se encontram.

Foi nessa toada que tais estórias ganharam relevância, o que permitiu o estabelecimento de uma educação moral, a moral que concederia àquele que lhe obedecesse a dádiva da salvação; era preciso seguir a palavra, a voz do senhor, do Senhor da Terra, no caso o governante ou o Rei, e do Senhor do Céu, no caso Deus.

E até hoje é fácil constatar que o pensamento científico não faz morada em muitos de nós, visto que somos levados a crer em líderes que não têm formação científica e se julgam capazes de desqualificar a ciência e enaltecer o poder do criador e sua pronta intervenção em face de suas preces.

Tais estórias são relidas e reinterpretadas até hoje conforme a conveniência de determinados líderes; o desprezo do mundo e do homem perpassou e se faz presente. A obediência, o temor a Deus e ao Diabo e a ideia de não salvação de sua alma têm que ser continuamente reforçados ao homem sob pena de que, em um dado momento, ele possa desgarrar do seu rebanho.

As figuras do civilizado e do bárbaro, do senhor e do escravo, do nobre, vassalo e do plebeu, do burguês e do proletariado, criaram um ambiente profícuo para que tais estórias se tornassem verdade morais que deveriam reger a educação da relação entre os senhores e os escravos. Não obstante, é preciso ressaltar que havia e há a existência de duas morais, quais sejam: a do opressor, que se considerava superior, e a do oprimido, que era considerado inferior em face do poder que vigia.

Segundo Nietzsche, o disparate tornou-se sobrepujante de sorte que "[...] chegou ao ponto de fazer a existência mesma como punição — é como se a educação do gênero humano tivesse sido orientada, até agora pelas fantasias de carcereiros e carrascos"[83].

[83] NIETZSCHE, Friedrich Wilhelm. *Aurora*: reflexões sobre os preconceitos morais. Tradução e posfácio: Paulo de Souza. São Paulo: Companhia das Letras, 2004a. Livro I, aforismo 13, p. 21.

Assim temos prontas estruturas de poder e, com tais estruturas, uma moral fundante: a do civilizado diante do bárbaro, a do nobre e do vassalo que sobrepujava o plebeu, a do burguês que subjugava o proletário, e que vige nos dias de hoje, e a do Senhor que promete a salvação do servo em troca de sua obediência, adoração e conversão.

Desse modo, é visível atualmente duas estruturas morais: a dos que comandam, os líderes, sejam quais forem; e a dos comandados. E a não obediência permite que o mais forte açoite o mais fraco e justificam-se tais castigos como se fossem um bem para aquele que é castigado.

Tais formas de castigo foram crucificadas em nossas almas, tornaram-se canônicas, tornaram-se certeza absolutas, bem como moldaram o que somos, de sorte que perdemos a nossa coragem em face do conjunto de normas e crenças, valores, interditos, pelo "proibido", e não voltamos o nosso olhar para o distante. Uma vez que estávamos predestinados à perdição, deixamos de amar a nós próprios e passamos a louvar o Senhor do impossível, do mágico, do fantástico.

Segundo Delumeau, "[...] foi provavelmente com a *Imitação do Cristo* que o discurso religioso sobre o desprezo do mundo atingiu pela primeira o grande público – refiro-me àquele que sabia ler"[84]. Assim, já não se tem mais validade o mundo terreno, pois é impuro, portanto, devemos buscar o mundo divino, ao qual se tem acesso por intermédio de Cristo.

O Renascimento, período a que faço analogia com a "adolescência", foi o instante da inquietude pulverizada de inúmeras alterações: a mudança na física, o enaltecimento da razão, a ideia de que a matemática poderia desocultar os mistérios da natureza, de sorte que não necessitaríamos mais da existência de Deus para explicar o mundo, já que a autonomia da razão seria suficiente.

Foi nesse momento histórico que o espaço para a dúvida se abriu por meio de uma releitura da cultura greco-romana, uma leitura laica que contradizia a supremacia moral da Idade Média. Entretanto,

[84] DELUMEAU, 2003, p. 46.

há de se considerar que o Renascimento herdou da Idade Média as obras greco-romanas, o que lhe permitiu uma releitura laicizada da cultura greco-romana.

Assim, abriu-se espaço à exposição do humano, dos seus desejos que não cabiam dentro de si e, por conseguinte, deveriam ser discutidos. Tal expressão se passa nas artes de um modo geral — muito embora, nesse momento, haja uma forte reação do poder eclesiástico que inaugura uma perseguição às ideias que ameaçavam os seus dogmas e, por conseguinte, o seu poder.

O geocentrismo começa a ceder espaço para o heliocentrismo professado por Galileu, mesmo que na Grécia Antiga já existissem tais ideias proferidas por Aristarco de Samos (310-230 a.C.), defensor do heliocentrismo, e Eratóstenes de Cirene (276-194 a.C.), que se tornou conhecido por calcular o tamanho da Terra. Tais ideias não foram acolhidas pela Igreja, já que nós, à imagem e semelhança de Deus, deveríamos ter um lugar especialmente para nós e a Terra deveria ser o centro gravitacional em torno do qual tudo girava.

Quando pensamos a história da humanidade, não há espaço para a ideia de evolução, já que a história é cíclica, temos avanços e retrocessos. Tanto que ideias que foram refutadas no Renascimento voltam a circular com força entre nós — ao que parece voltaremos ao obscurantismo. Como exemplo, temos o terraplanismo, o negacionismo da ciência e o espaço às teorias da conspiração, fora a existência de uma moral que pretende parar o mundo e deixá-lo tal como alguns desejam.

Esses que se autointitulam conservadores, que aos olhos de seus críticos são considerados reacionários, gostariam que os hábitos e os costumes não mudassem, a não ser que eles autorizassem tais mudanças.

Vivemos um retrocesso político, moral, ético e científico, assim como no renascimento alguns foram censurados e até mortos pela Igreja, nós, os ditos contemporâneos, estamos perdendo a nossa autonomia, pois instala-se entre nós uma espécie de censura e, pior do que isso, uma autocensura, já que evitamos dizer o que realmente pensamos sob pena de sermos agredidos moral e fisicamente.

Desse modo, encontramo-nos na terceira fase, a dita "maturidade", mas as certezas de outrora devem ser crucificadas novamente em nós, sob pena de que não haverá mais a salvação da nossa "grandiosa" alma, dado que para muitos ainda somos a imagem e semelhança de Deus.

A meu ver o que impera é a ausência de uma direção para o ser humano, para aquele que se inquieta com o duvidoso ideal de sociedade diante da realidade que o rodeia. Em face de todo repertório cultural, encontro-me eivado de incertezas, pois a existência não tem padrões, rupturas ou passagens que podem marcá-la, como se fossem linhas divisórias que a delimitam, ela é fluida, no entanto, avança e retrocede no seu desenrolar, tenho a impressão de descaminho.

Segundo Nietzsche, há uma grande dificuldade de criar o seu próprio caminho. Ao descrever o período em que se encontrava em convalescência, o momento que decidiu encontrar o seu caminho, disse: "[...] pois quem perfaz esses caminhos próprios não encontrará ninguém: é o que sucede nos caminhos próprios"[85].

Prossegue dizendo que é um caminho solitário, já que escavar o seu próprio caminho não é para todos, poucos estão dispostos a descer às profundezas. Nas trilhas de Nietzsche, acredito que as profundezas não são para todos, somente os fortes são capazes de ir às profundezas para examinar o que sustenta as suas verdades superficiais.

Já, em sua obra *O anticristo*[86], Nietzsche aponta para a ausência de um caminho, prossegue questionando se o homem moderno descobriu o caminho e responde que: "O homem moderno talvez? Não sei para onde vou, sou todo aquele que não sabe para onde vai (suspira o homem moderno)"[87]. Prossegue Nietzsche, reiterando que o homem moderno, digo contemporâneo, não sabe o caminho, encontra-se doente da modernidade.

---

[85] NIETZSCHE, 2004a, livro I, aforismo 13, p. 9.

[86] *O anticristo* é uma obra essencial à compreensão da nossa moralidade. A sua leitura nos permite ter uma outra pintura de Cristo. Entretanto, os convictos, àqueles de crença forte irão censurá-lo sem lê-lo. Tal atitude muito comum hoje em relação a determinados autores, pois os que se auto intitulam conservadores são os críticos de livros que não leram. A isso denomino desonestidade intelectual.

[87] NIETZSCHE, 2007b, aforismo 1, p. 10.

Nessa toada existencial, hoje me reconheço com uma grande dúvida que me acompanha, e não há nada que possa extirpá-la, tendo em vista que não sou um adulto, quiçá um adolescente ou uma criança. Sou um homem que padece da dúvida, pois as minhas certezas foram sepultadas.

Eu creio que essa tríade, criança, adolescência e maturidade, seja uma maneira de ordenar aquilo que não se submete a uma determinada ordem. O ato de existir é tão breve que, ao delimitá-lo, freia-se o que não cabe em diques, haja vista que a vida é um fluir, que jorra ao sabor do caos. Hoje impera a incerteza, eu busco a dita "criança" que fui com a doce ilusão de compreender o "adulto" que me tornei, um movimento em vão.

Irremediavelmente, hoje a dúvida é o alimento das minhas certezas. Todos os dias eu bebo doses cavalares de dúvidas para permanecer sóbrio em um mundo que quer que eu me entorpeça, que eu anestesie a minha dúvida com falsas certezas. A dúvida é o meu abrigo protetor, pois as fragilidades das ditas certezas não permitem edificar moradas sólidas.

Reconheço que a ciência tem a capacidade de alargar os nossos horizontes e, com efeito, permitir-nos ver além do que costumeiramente os nossos limitados olhos podem alcançar. Assim, faz-nos rever ideias que até então tínhamos como verdades absolutas. Todavia, ao desconstruir a visão de mundo de outrora, faz-nos ruminar uma infinidade de questões, o que para alguns é fascinante, já que a dúvida continua a se apresentar.

E é justamente a relação dialética entre a certeza e a dúvida o que mais me fascina no olhar da ciência, visto que nos faz repensar as nossas "pantanosas certezas" e ampliar as nossas "sólidas dúvidas".

Assim, a certeza, que é o ideal, opõe-se à dúvida, que é o real, e são as faces das inquietudes humanas, a vida dupla entre o ideal e o real. Do mesmo modo, a perfeição se opõe à imperfeição, o determinismo cede espaço ao provável, a fé não suporta a dúvida, a possibilidade de esculpir a nós mesmos é limitada, as telas nos propiciam uma relação doentia com a realidade, o sentido da existência se depara com a ausência de sentido, a vida e a morte são uma perspectiva humana que não se coaduna com o Universo, os nossos afetos devem ser despidos e a nossa liberdade tem limites.

Reconheço que eu estou diante dessa duplicidade, o ideal e o real, sou um mosaico incompleto, uma imagem que plasma continuamente a si mesma por meio de um grande arquiteto chamado pensamento. Ainda que eu tenha as minhas objeções ao ideal, não posso apagá-lo, pois enquanto ser pensante sou incapaz de controlar os meus pensamentos, visto que não posso contê-los, por eles sou tomado, preenchido e por vezes exaurido. Ademais, não é a certeza, mas sim a dúvida que os move e, sincronicamente, os inspira e os sorve. Assim, há uma parte de mim que insiste em sonhar e outra que impiedosamente me desperta.

Há algum tempo que eu me encontro diante de um dilema: quebrar as paredes de minha morada, desabitar-me. Nasci encarcerado, crente de que era livre. Cresci aspirando à liberdade, mas, a cada passo que dava, a trilha que eu construía tinha um lastro de caminhos, um emaranhado de rastros, um traçado repleto de sinuosidades. Ao que parece fiz tantas moradas, tantas paredes, convicto de que a segurança seria a minha eterna hóspede.

Hoje vejo que o meu circuito deve ser aberto, que as paredes que eu pensava serem protetoras em verdade eram e são as minhas clausuras. Assim, decidi quebrar as minhas gaiolas, viver sem tetos, pois, em caso de alguma turbulência, nada haveria para ser reconstruído.

Em verdade, eu criei moradas ideais para pacificar a minha alma errante, visto que lá no fundo eu sabia que não havia respostas às minhas inquietudes. A mim não foi dado o endereço de minha origem: eu não sei de onde vim, para onde vou e muito menos por que estou aqui.

Pelo exposto, "creio" que preciso me libertar de minhas convicções, as minhas moradas, os meus abrigos, os meus ideais.

Que o céu do imponderável, do improvável, da incerteza, seja o véu que venha cobrir a minha errante trilha, o "sentido" de minha "existência".

## REFERÊNCIAS

Biblia Sagrada. São Paulo: Sociedade bíblica católica internacional, 1990.

BURKE, Peter. *O polímata*: uma história cultural de Leonardo da Vinci a Susan Sontag. Tradução de Renato Prelorentzou. São Paulo: Editora Unesp, 2020.

CALL me by your name/Me chame pelo seu nome. Produção: Peter Spears Luca. Direção: Luca Guadagnino. Itália: Sony, 2017. Video (130 min), color.

DELUMEAU, Jean. *O pecado e o medo*: a culpabilização no Ocidente (séculos 13-18). Tradução de Álvaro Lorencini. Bauru, SP: EDUSC, 2003. v. 1.

GLEISER, Marcelo. *A dança do universo*: dos mitos da criação ao big-bang. São Paulo: Companhia das Letras, 1997.

GRIMAL, Pierre. *Dicionário de mitologia grega e romana*. Rio de Janeiro: Antígona Editores Refractários, 2020.

HOBBES, Thomas. *O Leviatã*: ou matéria, forma e poder de um Estado eclesiástico e civil. Tradução de João Paulo Monteiro. São Paulo: Nova Cultural. 1997.

HOLANDA, Sérgio Buarque. *Raízes do Brasil*. São Paulo: Companhia das Letras, 1995.

LAVABO, J. S. Disponível em:https//br.pinterest.com/pin/189714203041967071/. Acesso em: 11 mar. 2023.

NIETZSCHE, Friedrich Wilhelm. *Aurora*: reflexões sobre os preconceitos morais. Tradução e posfácio: Paulo de Souza. São Paulo: Companhia das Letras, 2004a.

NIETZSCHE, Friedrich Wilhelm. *Fragmentos do espólio*. Seleção, tradução e prefácio: Flávio René Kothe. Brasília: Editora Universidade de Brasília, 2004b.

NIETZSCHE, Friedrich Wilhelm. *Fragmentos finais*. Seleção, tradução e prefácio: Flávio René Kothe. Brasília: Editora Universidade de Brasília, 2002.

NIETZSCHE, Friedrich Wilhelm. *Genealogia da moral*: uma polêmica. Tradução e posfácio: Paulo César de Souza. São Paulo: Companhia das Letras, 1998.

NIETZSCHE, Friedrich Wilhelm. *Humano, demasiado humano*. Tradução e posfácio: Paulo César de Souza. São Paulo: Companhia das Letras, 2007a.

NIETZSCHE, Friedrich Wilhelm. *O anticristo*: maldição ao cristianismo; Ditirambos de Dionísio. Tradução e posfácio: Paulo César de Souza. São Paulo: Companhia das Letras, 2007b.

NIETZSCHE, Friedrich Wilhelm. *Para além do bem e do mal ou prelúdio de uma filosofia do futuro*. Tradução de Márcio Pugliesi. São Paulo: Hemus Livraria e Editora, 2001.

NIETZSCHE, Friedrich Wilhelm. *Sobre a verdade e a mentira em um sentido extra-moral*. Tradução de Fernando Moraes Barros. São Paulo: Hedra, 2007c.

MLODINOW, Leonard. *O andar do bêbado*: como o acaso determina as nossas vidas. Tradução de Diego Alfaro. Rio de Janeiro: Zahar, 2009.

MONTAIGNE, Michel. *Ensaios*. Tradução de Sérgio Milliet. São Paulo: Nova Cultural, 1996a. v. 1.

MONTAIGNE, Michel. *Ensaios*. Tradução de Sérgio Milliet. São Paulo: Nova Cultural, 1996b. v. 2.

O PENSADOR. Aristófanes. *O pensador*, [*s. l.*], [20--?]. Disponível em: https/www.pensador. com/autor/Aristófanes. Acesso em: 26 dez. 2022.

OLIVEIRA, Nícolas. Quantas galáxias existem no universo? Semana #Astro-MiniBR. *Tecmundo*, [*s. l.*], 14 ago. 2021. Disponível em: https://www.tecmundo.com.br/ciencia/223061-quantas-galaxias-existem-universo-semana-astrominibr.htm. Acesso em: 27 dez. 2022.

PESSIS-PASTERNAK, Guita. *Do caos à inteligência artificial*: quando os cientistas se interrogam. Tradução de Luiz Paulo Rouanet. São Paulo: Editora da Universidade Estadual Paulista, 1993.

PETERSON, Jordan B. *12 regras para a vida*: um antídoto para o caos. Tradução de Wendy Campos. Rio de Janeiro: Atlas Book, 2018.

PLATÃO. *A república*. São Paulo: Abril Cultural, 1997.

PLATÃO. *Fédon ou da alma*. Tradução de Edson Bini. Bauru, SP: Edipro, 2008.

POSSES, Ana; MELLO, Duília de; PONTE, Geisa. Via Láctea: 6 fatos que você precisa saber sobre nossa galáxia. *Revista Galileu*, [*s. l.*], 18 jun. 2021. Disponível em: https://revistagalileu.globo.com/Ciencia/Espaco/noticia/2021/06/lactea-6-fatos-que-voce-precisa-saber-sobre-nossa-galaxia.html. Acesso em: 27 dez. 2022.

QUINTANA, M. Disponível em: https://www.oexplorador.com.br/sonhar-e--acordar-se-para-dentro-mario-quintana-1906-1994-poeta -jornalista-tradutor-e-super-amado-pelos-grandes-amigos-da-literatura-ja-chegou-a-ser--considerado-um-dos-maiores/. Acesso em 12. mar. 2023.

ROUSSEAU, Jean Jacques. *O contrato social*. São Paulo: Abril Cultural, 1973.

SARTRE, Jean Paul. *O existencialismo é um humanismo*. Tradução de Vergílio Ferreira. São Paulo: Abril Cultural, 1973.

SPOINVILLE, André Comte. *O Pequeno Tratado das Grandes Virtudes.* São Paulo: Martins Fontes, 2000. p. 47.SOUZA, José Cavalcante de (org.). *Os pré-socráticos*. São Paulo: Nova Cultural, 1996.

TERRA. Redes sociais deram voz a legião de imbecis, diz Umberto Eco. *Terra*, [*s. l.*], 11 jun. 2015. Disponível em: https://www.terra.com.br/noticias/educacao/redes-sociais-deram-voz-a-legiao-de-imbecis-diz-umberto-e-co,6fc187c948a383255d784b70cab16129m6t0RCRD.html. Acesso em: 22 nov. 2022.

VIOLA enluarada. Intérprete: Marcos Vale. *In*: Viola enluarada Intérprete: Marcos Vale. São Paulo: Odeon/Emi, 1976. LP , faixa 1.

WEILLER, Maurice. *Montaigne e o cristianismo*. São Paulo: Editora Globo, 1961. v. 3. (Col. Montaigne).

WOLTON, Dominique. *Internet e depois?* Uma crítica das novas mídias. Porto Alegre: Sulina, 2007.